SOLSTICIO DE VERANO

Los ocho sabbats

SOLSTICIO DE VERANO

*Una completa guía para la celebración
de Litha: la noche más corta del año*

Deborah Blake

Traducción de Miguel Trujillo Fernández

TRANSLATED FROM *Midsummer. Rituals, Recipes & Lore for Litha*
© 2015, Deborah Blake
Published by Lewellyn Publications
Woodbury, MN, 55125, USA
www.lewellyn.com

© Deborah Blake, 2023
© TRADUCCIÓN: Miguel Trujillo Fernández
© EDITORIAL ALMUZARA, S. L., 2023

Primera edición: junio 2023

EDITORIAL ARCOPRESS • COLECCIÓN LOS OCHO SABBATS
Edición: Pilar Pimentel
Corrección y maquetación: Helena Montané

www.arcopress.com
Síguenos en @ArcopressLibros

Editorial Almuzara
Parque Logístico de Córdoba. Ctra. Palma del Río, km 4
C/8, Nave L2, nº 3, 14005 - Córdoba

Imprime Romanyà Valls
ISBN: 978-84-11315-22-7
Depósito legal: CO-922-2023
Hecho e impreso en España - *Made and printed in Spain*

Índice

LOS OCHO SABBATS

La colección *Los ocho sabbats* proporciona instrucciones e inspiración para honrar cada uno de los sabbats de la brujería moderna. Cada título de esta serie de ocho volúmenes está repleto de hechizos, rituales, meditaciones, historia, sabiduría popular, invocaciones, adivinaciones, recetas, artesanía y mucho más. Son libros que exploran tanto las tradiciones antiguas como las modernas, a la hora de celebrar los ritos estacionales, que son las verdaderas piedras angulares del año de la bruja.

Hoy en día, los wiccanos y muchos neopaganos (paganos modernos) celebran ocho sabbats, es decir, festividades; ocho días sagrados que juntos componen lo que se conoce como la Rueda del Año, o el ciclo de los sabbats. Cada uno de los cuales se corresponde con un punto de inflexión importante en el viaje anual de la naturaleza a través de las estaciones.

Dedicar nuestra atención a la Rueda del Año nos permite sintonizar mejor con los ciclos energéticos de la naturaleza y escuchar lo que esta nos está susurrando (¡o gritando!), en lugar de ir en contra de las mareas estacionales. ¿Qué mejor momento para el comienzo de nuevos proyectos que la primavera, cuando la tierra vuelve a despertar después de un largo invierno y, de pronto, todo comienza a florecer, a crecer y a brotar del suelo otra vez? Y, ¿acaso hay una mejor ocasión para meditar y planificar que durante el letargo introspectivo del invierno? Con la colección *Los ocho sabbats* aprenderás a centrarte en los aspectos espirituales de la Rueda del Año, a cómo transitar por ella en armonía, y celebrar tu propio crecimiento y tus logros. Tal vez, este sea tu primer libro sobre Wicca, brujería o paganismo, o la incorporación más reciente a una librería (digital o física) ya repleta de conocimiento mágico. En cualquier caso, esperamos que encuentres aquí algo de valor que puedas llevarte contigo en tu viaje.

Haz un viaje a través de la Rueda del Año

Cada uno de los ocho sabbats marca un punto importante de los ciclos anuales de la naturaleza. Se representan como ocho radios situados de forma equidistante en una rueda que representa el año completo; las fechas en las que caen también están situadas de forma casi equidistante en el calendario.

La Rueda está compuesta por dos grupos, cada uno de cuatro festividades. Hay cuatro festivales solares relacionados con la posición del sol en el cielo, que dividen el año en cuartos: el equinoccio de primavera, el solsticio de verano, el equinoccio de otoño y el solsticio de invierno. Todos ellos se fechan de forma astronómica y, por lo tanto, varían ligeramente de un año a otro.

N

Rueda del Año - hemisferio norte
(Todas las fechas de los solsticios y los equinoccios son aproxi-
madas, y habría que consultar un almanaque o un calenda-
rio para averiguar las fechas correctas de cada año)

N

Rueda del Año - hemisferio sur

Entre estas festividades se encuentran las festividades de mitad del cuarto, o festivales del fuego: Imbolc, Beltane, Lughnasadh y Samhain. Las festividades estacionales a veces se conocen como Sabbats menores, y las de mitad de estación como Sabbats mayores, aunque ningún ciclo es «superior» a otro. En el hemisferio sur, las estaciones son opuestas a las del hemisferio norte y, por lo tanto, los sabbats se celebran en fechas diferentes.

Aunque el libro que estás leyendo se centra solo en el solsticio de verano, puede resultar útil saber cómo encaja dentro del ciclo en su totalidad.

El solsticio de invierno, también conocido como Yule o festividad de mitad del invierno, tiene lugar cuando la noche ha alcanzado su duración máxima; después de este, la duración de los días comenzará a incrementarse. Aunque la fría oscuridad está sobre nosotros, ya se aviva la esperanza de los días más luminosos que están por llegar. En la tradición wiccana, este es el momento en el que nace el joven dios solar. En algunas tradiciones neopaganas, este es el momento en el que el Rey del Acebo está destinado a perder la batalla contra su hermano más luminoso, el Rey del Roble. Se encienden velas, se degustan manjares, y se traen a la casa plantas perennes como recordatorio de que, a pesar de la crudeza del invierno, la luz y la vida siempre prevalecen.

Durante el Imbolc (que también se puede escribir «Imbolg»), el suelo empieza a descongelarse, lo que indica que ya es el momento de comenzar a preparar los campos para la temporada de sembrado que se aproxima. Comenzamos a despertar de nuestros meses de introspección y empezamos a organizar lo que hemos aprendido durante ese tiempo, además de dar los primeros pasos para hacer planes de cara al futuro. Algunos wiccanos también bendicen velas durante el Imbolc, otra forma simbólica de invocar a la luz, que ahora es ya perceptiblemente más fuerte.

En el equinoccio de primavera, también conocido como Ostara, la noche y el día vuelven a tener la misma duración y, a partir de entonces, los días comenzarán a ser más largos que las noches. El equinoccio de primavera es un momento de renovación, de plantar semillas ahora que la tierra ha vuelto a la vida una vez más. Decoramos huevos como símbolo de esperanza, vida y fertilidad, y realizamos rituales para cargarnos de energía con la que poder encontrar el poder y la pasión para vivir y crecer.

En las sociedades agrícolas, el Beltane señalaba el comienzo del verano. Se sacaba al ganado a pastar en abundantes prados, y los árboles se llenaban de flores hermosas y fragantes. Se realizaban rituales para proteger las cosechas, el ganado y la gente. Se encendían fuegos y se hacían ofrendas con la esperanza de conseguir la protección divina. En la mitología wiccana, el dios joven fecundaba a la diosa joven. Todos tenemos algo que queremos cosechar para cuando acabe el año, planes que estamos decididos a cumplir, y el Beltane es un momento estupendo para poner en marcha ese proceso de forma entusiasta.

El solsticio de verano es el día más largo del año. También se llama Litha, la festividad de mitad del verano. Las energías del sol están en su cúspide, y el poder de la naturaleza se encuentra en su punto más álgido. En la tradición wiccana, este es el momento en el que el dios solar es más fuerte que nunca (de modo que, de forma paradójica, su poder ya solo puede comenzar a disminuir) tras haber fecundado a la diosa doncella, que se transforma entonces en la madre tierra. En algunas tradiciones neopaganas es aquí cuando el Rey del Acebo vuelve a enfrentarse a su aspecto más luminoso, y, en esta ocasión, vence al Rey del Roble. Por lo general, se trata de un momento de grandes alegrías y celebraciones.

En el Lughnasadh, la cosecha principal del verano ya ha madurado. Realizamos celebraciones, participamos en juegos, expresamos la gratitud que sentimos y disfrutamos de los festines que preparamos. También se conoce como Lammas, y es el momento en el que celebramos la primera cosecha; ya sea relativa a los cultivos que hemos plantado o los frutos que han dado nuestros primeros proyectos. Para celebrar la cosecha de grano, a menudo se hornea pan durante este día.

El equinoccio de otoño, también conocido como Mabon, señala otro importante cambio estacional y una segunda cosecha. El sol brilla por igual en ambos hemisferios, y la duración de la noche y del día es la misma. Después de este momento, las noches comenzarán a ganar terreno a los días. En conexión con la cosecha, este día se celebra un festival de sacrificio al dios moribundo, y se paga un tributo al sol y a la tierra fértil.

Para el pueblo celta, el Samhain señalaba el comienzo de la estación del invierno. Este era el momento en el que se sacrificaba al ganado y se recogía la cosecha final antes de la inevitable caída a las profundidades de la oscuridad del invierno. Se encendían fuegos para guiar en su camino a los espíritus errantes, y se hacían ofrendas en nombre de los dioses y de los antepasados. El Samhain se veía como un comienzo, y hoy en día se suele considerar el Año Nuevo de las brujas. Honramos a nuestros antepasados, reducimos nuestras actividades, y nos preparamos para los meses de introspección que están por delante... y el ciclo continúa.

La relación del pagano moderno con la Rueda

El paganismo moderno se inspira en muchas tradiciones espirituales precristianas, lo cual queda ejemplificado en la Rueda del Año. El ciclo de los ocho festivales que reconocemos a través del paganismo moderno nunca se celebró por completo en ninguna cultura precristiana en particular. En los años cuarenta y cincuenta, un hombre británico, llamado Gerald Gardner, creó la nueva religión de la Wicca mezclando elementos de una variedad de culturas y tradiciones, a través de la adaptación de prácticas de religiones precristianas, creencias animistas, magia popular y distintas disciplinas chamánicas y órdenes esotéricas. Combinó las tradiciones multiculturales de los equinoccios y los solsticios con los días festivos celtas y las primeras celebraciones agrícolas y pastorales de Europa para crear un modelo único que se convirtió en el marco del año ritual de la Wicca.

Los wiccanos y las brujas, así como muchos paganos eclécticos de diversa índole, siguen de forma popular el año ritual wiccano. Algunos paganos tan solo celebran la mitad de los sabbats, ya sean los de los cuartos o los que se sitúan en mitad del cuarto. Otros paganos rechazan la Rueda del Año en su totalidad y siguen un calendario de festivales basado en la cultura del camino específico que sigan, en lugar de un ciclo agrario basado en la naturaleza.

Todos tenemos unos caminos tan singulares en el paganismo que es importante no dar por hecho que el camino de los demás será el mismo que el nuestro; mantener una actitud abierta y positiva es lo que hace prosperar a la comunidad pagana.

Muchos paganos adaptan la Rueda del Año a su propio entorno. La Wicca ha crecido hasta convertirse en una auténtica religión global, pero pocos de nosotros vivimos en un clima que refleje los orígenes de la Wicca en las islas británicas. Aunque tradicionalmente el Imbolc es el comienzo del deshielo y el despertar de la tierra, puede ser el punto más álgido del invierno en muchos climas del norte. Y, aunque el Lammas pueda ser una celebración de agradecimiento por la cosecha para algunos, en áreas propensas a las sequías y a los fuegos forestales puede ser una época del año peligrosa e incierta.

También hay que tener en cuenta los dos hemisferios. Cuando es invierno en el hemisferio norte, es verano en el hemisferio sur. Mientras los paganos de América del Norte están celebrando el Yule y el Solsticio de Invierno, los paganos de Australia celebran el festival de mitad del verano. Las propias experiencias vitales del practicante son más importantes que cualquier dogma escrito en un libro cuando se trata de celebrar los sabbats.

En línea con ese espíritu, tal vez desees retrasar o adelantar las celebraciones, de modo que sus correspondencias estacionales encajen mejor con tu propio entorno, o puede que quieras enfatizar distintos temas para cada sabbat según tus propias experiencias. Esta serie de libros debería ayudarte a que dichas opciones te resulten fáciles y accesibles.

Sin importar el lugar del globo en el que vivas, ya sea en un entorno urbano, rural o suburbano, puedes adaptar las tradiciones y las prácticas de los sabbats de modo que encajen con tu propia vida y con tu entorno. La naturaleza nos rodea por todas partes; por mucho que los seres humanos intentáramos aislarnos de los ciclos de la naturaleza, estos cambios estacionales recurrentes son ineludibles. En lugar de nadar contracorriente, muchos paganos modernos abrazamos las energías únicas que hay en cada estación, ya sean oscuras, luminosas o algo intermedio, e integramos esas energías en los aspectos de nuestra propia vida diaria.

La serie de *Los ocho sabbats* te ofrece toda la información que necesitas para hacer precisamente eso. Cada libro será parecido al que tienes ahora entre las manos. El primer capítulo, *Las tradiciones antiguas*, comparte la historia y la sabiduría que se han ido transmitiendo desde la mitología y las tradiciones precristianas, hasta cualquier vestigio que todavía quede patente en la vida moderna. *Las tradiciones modernas* abordan esos temas y elementos y los traducen a las formas bajo las que muchos paganos modernos festejan y celebran cada sabbat. El siguiente capítulo se centra en *Hechizos y adivinación*; se trata de fórmulas apropiadas para la estación y basadas en la tradición popular, mientras que el siguiente, *Recetas y artesanía*, te ofrece ideas para decorar tu hogar y hacer artesanía y recetas que aprovechen las ofrendas estacionales. El capítulo *Oraciones e invocaciones* te proporciona llamamientos y oraciones, ya preparados, que puedes emplear en rituales, meditaciones o en tu propia introspección. El capítulo de los *Rituales de celebración* te proporciona tres rituales completos: uno para realizar en solitario, otro para dos personas, y otro para un grupo completo, como un aquelarre, círculo o agrupación. Siéntete libre de adaptar todos los rituales o alguno de ellos a tus propias necesidades, sustituyendo tus propias ofrendas, llamamientos, invocaciones, hechizos mágicos y demás. Cuando planees un ritual en grupo, trata de prestar atención a cualquier necesidad especial que puedan tener los participantes. Hay muchos libros maravillosos disponibles que se adentran en los detalles específicos de hacer los rituales más accesibles si no tienes experiencia en este ámbito.

Por último, en la parte final de cada título encontrarás una lista completa de correspondencias para la festividad, desde los temas mágicos y las deidades hasta comidas, colores, símbolos y más. Para cuando termines este libro, tendrás la inspiración y los conocimientos necesarios para celebrar el sabbat con entusiasmo.

Honrando la Rueda del Año reafirmamos nuestra conexión con la naturaleza de modo que, mientras continúa con sus ciclos infinitos, seamos capaces de dejarnos llevar por la corriente y disfrutar del trayecto.

LAS TRADICIONES ANTIGUAS

ew beginnings, birth, renewal, rejuvenation, balance, fertility, change

strength, vernal equinox, sun enters Aries, Libra in the Sou

Green Man, Amalthea, Aphrodite, Blodeuwedd, Eostre, E

na, Flora, Freya, Gaia, Guinevere, Persephone, Libera, A

Renpet, Umaj, Vila, Aengus MacOg, Cernunnos, Herma, The

Rama, Mabon Osiris, Pan, Thor, abundance, growth, health, ca

tual healing, patience understanding virtue, spring, honor, contentm

chic abilities, spiritual truth, intuition, receptivity, love, inner se

nprovement, spiritual awareness, purification, childhood, innocenc

elity, creativity, communication, concentration, divination, harmo

abilities, prosperity, attraction, blessings, happiness, luck, money

ity, guidance, visions, insight, family, wishes, celebrating life cy

friendship, courage, attracts love, honesty, good health, emotions,

y, improvement, influence, motivation, peace, rebirth, self preserva

eminine power, freedom, optimism, new beginnings, vernal equino

rocreation, sun, apple blossom, columbine, crocus, daffodil, daisy

aisy, honeysuckle, jasmine, jonquil, lilac, narcissus, orange blosson

rimrose, rose, the fool, the magician, the priestess, justice, the sta

ts, gathering, growth, abbundance, eggs, seeds, honey, dill, aspar

El sol brilla con fuerza en el cielo mientras las brujas bailan alrededor de una hoguera y se dan un festín de frutas y verduras recién cogidas del campo. Los niños ríen y juegan, haciendo rodar ruedas que simbolizan el sol y persiguiendo burbujas brillantes que flotan en el aire. Es el solsticio de verano, también conocido como Litha. La tierra se regocija en la abundancia y la luz, y nosotros también.

El solsticio de verano es el día más largo del año y la noche más corta. El sol ha alcanzado su cenit y también está en la cúspide de su poder mágico. Después de hoy, los días se empezarán a hacer más cortos de forma imperceptible, adentrándonos en la mitad oscura del año. En el solsticio de invierno, todo el proceso se invierte y avanzaremos de nuevo hacia la luz del solsticio de verano.

En el hemisferio norte, el solsticio de verano cae alrededor del 21 de junio, en el momento en que el sol entra en Cáncer (o en Capricornio en diciembre, si te encuentras en la mitad sur del mundo). Es una celebración del sol, del fuego y de la generosidad de la tierra.

Históricamente, el solsticio de verano se ha celebrado en prácticamente todas las culturas del mundo en un momento u otro. Los griegos, los romanos, los celtas, los nórdicos, los aztecas y los judíos celebraban el día más largo del año a su manera, con sus propios dioses. Pero en todas estas culturas diferentes existen ciertos temas comunes que suelen asociarse a este día en particular.

Por ejemplo, como el sol está en su punto más alto, el solsticio de verano casi siempre se ha celebrado como una fiesta solar, una fiesta del fuego, o ambas. Aun así, en muchos lugares también ha existido un componente acuático, por lo que las peregrinaciones a pozos sagrados u otras masas de agua han sido frecuentes. Pero las grandes protagonistas a lo largo de la historia han sido las hogueras, junto a las vigilias desde el amanecer del día del solsticio de verano hasta la salida del sol a la mañana siguiente.

Aunque no era una fiesta de la cosecha como los tres sabbats que le siguen, el solsticio de verano seguía siendo una celebración de la naturaleza, del crecimiento en todas sus formas y de las plantaciones de los campos. La festividad se centraba a menudo en la fertilidad, la abundancia, la prosperidad, el éxito y la buena fortuna, para reflejar la frondosidad y el vigor del campo circundante.

En las tradiciones celtas, junio era el mes del roble, un árbol importante y muy apreciado que se consideraba el símbolo de la fuerza y la vitalidad. En el mito pagano moderno, el año se divide entre el viejo y sabio Rey del Roble, que gobierna desde el solsticio de invierno hasta el solsticio de verano, y el joven y enérgico Rey del Acebo, que tiene la supremacía desde el solsticio de verano hasta el Yule.

Se cree que los druidas recolectaban hierbas sagradas en este día, e incluso hoy en día a menudo cosechamos plantas durante el solsticio de verano para utilizar en labores de magia, curación y preparación de alimentos. Muchas de nuestras prácticas modernas de esta festividad tienen sus raíces en ritos y rituales paganos ancestrales.

El solsticio de verano es uno de los grandes festivales del fuego, como corresponde a un día en el que el sol arde con fuerza sobre nuestras cabezas. En muchas culturas era costumbre encender hogueras, a menudo en la cima de las colinas, desde donde podían verse a kilómetros de distancia. La gente realizaba bailes en círculo alrededor del fuego o hacía rodar ruedas ardientes por la ladera.

También se consideraba como el día más propicio para relacionarse con los seres feéricos o con el pueblo de las hadas, ya que se suponía que el contacto era más fácil durante las épocas «intermedias», cuando se producía la transición de una estación a otra. El pueblo de las hadas, además, se siente atraído por las flores de olor dulce, la miel y el néctar, y otros elementos fácilmente disponibles en esta época del año.

Shakespeare utilizó esta tradición como base de una de sus obras más populares, *El sueño de una noche de verano*, en la que las traviesas hadas causan todo tipo de estragos y confusión durante una celebración del solsticio de verano.

La luna llena de junio también era conocida como la Luna de Miel, y mucha gente se casaba durante esta época (en algunas tradiciones se creía que daba mala suerte casarse en mayo, cuando el Dios y la Diosa celebraban sus propios ritos sagrados). Sin duda, esto fue parte de lo que inspiró a Shakespeare a utilizar tantas bodas en su obra, incluido el motivo de la dramática celebración alrededor de la cual gira el argumento principal: el matrimonio de Teseo, duque de Atenas, con Hipólita, reina de las Amazonas.

El calendario y el ciclo astrológico

El solsticio de verano es uno de los dos solsticios anuales; el otro es el solsticio de invierno, en el extremo opuesto del año. Técnicamente, el solsticio propiamente dicho cae en el momento exacto en que el semieje de la Tierra está más inclinado hacia el sol, lo que ocurre dos veces al año. Así, en el hemisferio norte, el solsticio de verano se produce en junio y el de invierno en diciembre. En el hemisferio sur ocurre lo contrario.

El solsticio de verano suele caer alrededor del 21 de junio, aunque la fecha real puede variar del 20 al 22 de junio en el hemisferio norte, y del 20 al 23 de diciembre en el hemisferio sur. Cada lugar del planeta solo alcanza el «verdadero» solsticio durante un minuto, el cual cambia en función de la longitud, por lo que el momento exacto cambiará según la ubicación.

Afortunadamente, pocos de nosotros tendremos que rastrear ese momento preciso alguna vez, ya que la mayoría de la gente celebra todo el día del solsticio de verano, y algunos incluso comienzan en la víspera del solsticio, la noche anterior. Las fechas se pueden encontrar en la mayoría de los calendarios modernos.

La palabra «solsticio» procede del latín: *sol* por «sol» y *stitium*, que significa «quedarse quieto». A los antiguos les podía parecer que, en realidad, el sol estaba quieto en el cielo, y rezaban a diversos dioses del sol durante este día. Esto incluye algunos nombres familiares, como el dios griego Apolo, el egipcio Ra y el irlandés Lugh, así como algunas deidades menos conocidas, como Belinos, el dios celta del sol que hace crecer las hierbas sagradas del solsticio de verano.

Los primeros paganos vivían de la tierra y dependían de ella. Por tanto, la mayoría de las fiestas antiguas se centraban en el ciclo de crecimiento y cosecha: ya fuera en el momento de plantar semillas, en el de cuidar los cultivos, en el de cosechar o en el de descansar en la oscuridad del invierno y esperar a que el ciclo comenzara de nuevo. Dado que su supervivencia dependía del éxito de la cosecha, así como de una fauna abundante y de un clima benigno, estas culturas solían rezar a los dioses y diosas que regían sobre estos elementos, y celebraban los días que señalaban los distintos hitos que alcanzaba la naturaleza a lo largo del año solar.

El solsticio de verano era una festividad especialmente alegre porque en la mayoría de los lugares señalaba el final de la temporada de siembra y el comienzo de las primeras cosechas. Esta celebración se consideraba, a menudo, como una excusa para que los campesinos se tomaran un momento de descanso fuera del interminable trabajo de cultivar y buscar alimentos, y que permitía a toda esa gente ocupada recuperar el aliento por un momento y disfrutar de los frutos de su esfuerzo antes de reanudar sus tareas al día siguiente.

En realidad, el solsticio de verano no ocurre en mitad del verano para todo el mundo en todos los climas, a pesar de caer entre el equinoccio de primavera (alrededor del 21 de marzo) y el equinoccio de otoño (alrededor del 21 de septiembre). En el norte del estado de Nueva York, por ejemplo, la primavera «real» comienza entre mediados y finales de abril, con nevadas ocasionales a principios de mayo. Por lo tanto, el verano apenas ha empezado cuando llega la mitad de junio. En Texas o en el sur de California, por el contrario, las temperaturas pueden ser ya abrasadoras y secas.

Las estaciones varían mucho según la zona del mundo en la que se resida. El verano en California y Florida es muy diferente del verano en Nueva York, Canadá o Finlandia. Pero lo básico es lo mismo: sigue habiendo más luz y calor que en otras épocas del año, y la energía de la tierra es abundante y accesible. En el momento del solsticio de verano, el verano ya se respira en el aire. Los pájaros de clima cálido han regresado, las temperaturas son altas y la naturaleza está floreciendo a nuestro alrededor. ¡No es de extrañar que nosotros (y nuestros antepasados) celebremos el día más largo del año!

Lugares antiguos

Se cree que una cultura antigua construyó Stonehenge como una forma de señalar la llegada del solsticio, y la NASA lo cataloga como uno de los cinco observatorios más antiguos del mundo. Las gigantescas piedras fueron transportadas desde las montañas galesas que se encontraban a unos 240 kilómetros de la ubicación de Stonehenge, que se encuentra en Wiltshire, Inglaterra, en la llanura de Salisbury, aunque nunca se ha explicado cómo se logró hacer eso entre los años 3100 y 1500 antes de la Era Común (Carr-Gomm, 115).

Muchos eruditos creen que el lugar se utilizaba para importantes ritos druídicos, aunque no ha habido pruebas definitivas de esa teoría. (De hecho, Stonehenge tampoco fue construido por los druidas, a pesar de que la mayoría de teorías así lo afirman). Sin embargo, los druidas modernos y otros siguen reuniéndose allí por millares para dar la bienvenida al sol. A diferencia de muchos otros lugares que fueron diseñados para resaltar el sol en un momento determinado (ya sea al salir o al ponerse), en Stonehenge hay tres alineaciones diferentes: el amanecer, el mediodía y el atardecer.

En todo el mundo se pueden encontrar otras construcciones menos conocidas orientadas al solsticio. No muy lejos de Stonehenge, en el monte Seskin, en las colinas de Tallaght de Irlanda, los primeros rayos del sol del solsticio se reflejan en un estanque de agua que se encuentra en mitad de una serie de piedras erguidas diseminadas por la montaña. Las columnas de roca de Exernsteine, cerca de Horn-Bad Meinberg, en Alemania, son formaciones naturales que se convirtieron en lugar de peregrinación para diversas culturas. Nadie sabe qué pueblo construyó el templo prehistórico que se encuentra en la cima de la columna más alta, pero en su interior hay un agujero sobre el altar que se alinea con el sol durante el solsticio de verano (Carr-Gomm, 108).

En las misteriosas ruinas desiertas de Fajada Butte, en el Cañón del Chaco de Nuevo México, hay indicios de que los primeros pueblos nativos americanos siguieron el viaje del sol y crearon un agujero en la pared sur que dirige la luz solar hacia unos grabados conocidos como petroglifos. También se han encontrado otros yacimientos nativos americanos con rasgos astrológicos, entre ellos el Montículo de la Serpiente en Ohio, una estructura de 420 metros de longitud en forma de serpiente con la cabeza orientada hacia la puesta de sol del día del solsticio de verano (Carr-Gomm, 154; Pritchard).

En Egipto, el sol del solsticio de verano se pone en un punto ubicado exactamente en el medio del espacio que separa las dos pirámides más grandes de la Necrópolis de Guiza. En el templo de Osirión en Abidos, que durante siglos se consideró como el lugar de enterramiento del dios Osiris, el sol penetra a través de una brecha en las cercanas colinas de Libia y alcanza los muros del templo el día del solsticio de verano.

También en Egipto se encuentra el Monasterio de los Esenios, sede de la secta judía mística que escribió los Manuscritos del Mar Muerto. Los esenios seguían un calendario solar, en lugar del tradicional calendario lunar judío. El monasterio fue diseñado para resaltar la puesta de sol en el solsticio de verano. En Nabta Playa, en medio del desierto egipcio, se ha demostrado que un conjunto de megalitos de piedra con un asombroso parecido a Stonehenge se alinean no solo con el solsticio de verano, sino también con una serie de estrellas, entre ellas Sirio y Dubhe, las más brillantes del cinturón de Orión.

Se cree que los monjes budistas de la India son los responsables de las cuevas de Ajanta, una serie de treinta cuevas artificiales excavadas en los acantilados de una selva remota. Todas las cuevas albergaban santuarios a Buda, y una de ellas contenía una estatua del Despierto que era iluminada por el sol al amanecer en el solsticio de verano.

De estos ejemplos, que son solo la punta del iceberg, se desprende claramente que el solsticio de verano se celebraba en todo el mundo por numerosas culturas y de diversas maneras. Para algunos de esos pueblos se trataba de una fecha lo suficientemente importante como para merecer ubicaciones de culto permanentes, muchas de las cuales siguen en pie en la actualidad y sirven de inspiración para todos nosotros.

Repaso histórico general, mitología y sabiduría popular

Las celebraciones del solsticio de verano adoptaron formas diferentes en las distintas culturas, aunque a menudo tenían ciertos aspectos en común. Por ejemplo, el sol y el fuego eran con frecuencia elementos clave, al igual que las flores, las hierbas y el esplendor. Estos son algunos de los ejemplos más destacados:

Antigua Grecia

Como corresponde a una fiesta del fuego, el solsticio de verano era el momento en el que se decía que el Titán Prometeo había dado el don del fuego a los seres humanos, permitiéndoles así seguir adelante y crear una sociedad civilizada. También se consideraba que la diosa Atenea tenía atributos solares, y el año griego comenzaba en la primera luna nueva después del solsticio de verano. En su honor se celebraba una fiesta conocida como las Panateneas, y el pueblo le rezaba para que trajera lluvia para las cosechas (Franklin, 8).

Antiguos romanos

El solsticio de verano se consideraba sagrado para Juno, la contraparte romana de Hera, que estaba casada con Júpiter, el rey de los dioses. Al igual que Hera, Juno era la diosa del matrimonio, y esa es una de las razones por las que junio (el mes bautizado en su honor) siempre ha sido una de las épocas más populares para casarse. Las mujeres casadas celebraban a la diosa Vesta, que regía sobre los fuegos del hogar y la casa, en el festival de la Vestalia.

Antigua China

Los chinos consideraban que el solsticio de verano era una festividad yin (femenina), y su contrapartida, el solsticio de invierno, una festividad yang (masculina). Las celebraciones se centraban en la fertilidad y la renovación de la tierra, y se decía que el humo de las ofrendas quemadas llevaba sus plegarias a los cielos.

Los pueblos sajones, nórdicos y germánicos

El solsticio de verano era también la mitad del año para los sajones, cuyo año comenzaba con el solsticio de invierno. Se cree que la palabra «Litha», a menudo utilizada como nombre alternativo para el solsticio de verano, pudo tener su origen en el nombre sajón del mes de junio, que significaba «luz» o «luna». (Aunque lo cierto es que esta palabra entró en el uso popular después de que J. R. R. Tolkien la utilizara para designar una fiesta del solsticio de verano en su trilogía de *El Señor de los Anillos*).

Los sajones celebraban a Thor, el dios del trueno, porque traía las tan necesarias lluvias. Las tribus germánicas festejaban originalmente la ascensión triunfal del sol con enormes hogueras. Tras la llegada de los cristianos, esta festividad se convirtió en la Fiesta de San Juan (o *Johannisnacht*, que se traduce como «noche de Juan»), que a menudo se sigue celebrando encendiendo hogueras en las cimas de las colinas. En Finlandia, el solsticio de verano se llamaba *Juhannus*, y era una ocasión especialmente alegre por la llegada de luz después de muchos meses de oscuridad. Los vikingos se reunían en el solsticio de verano para tratar asuntos legales y resolver disputas; hacían enormes hogueras y peregrinaban a pozos sagrados de curación. Algunas de estas tradiciones aún se celebran el día del solsticio de verano en Islandia.

Los celtas y los druidas

Gran parte de lo que sabemos sobre los antiguos celtas y druidas nos viene por fuentes secundarias, ya que ellos no registraban las cosas por escrito. Pero se cree que los druidas interpretaban el solsticio de verano como una representación del matrimonio de la tierra y el cielo. Recogían hierbas sagradas, incluidas las bayas de muérdago, para utilizarlas más tarde con fines curativos y mágicos. Su árbol sagrado, el roble, se quemaba en los fuegos del solsticio y coronaban a un Rey del Roble. Se cree que los antiguos celtas utilizaban la luz y la energía del sol para desterrar a los espíritus malignos y a los demonios. También encendían hogueras y lanzaban ruedas ardientes colina abajo. Las parejas saltaban sobre las llamas para tener suerte y, cuanto más alto saltaran, más abundantes serían las cosechas.

Otras zonas de Europa

En la antigua Galia (una región de Europa occidental que durante la Edad de Hierro y la época romana abarcaba el territorio que incluye la actual Francia, Luxemburgo, Bélgica, la mayor parte de Suiza y el norte de Italia, así como partes de los Países Bajos y Alemania), la celebración del solsticio de verano se conocía como la Fiesta de Épona, en honor a la diosa de la fertilidad, la agricultura y los caballos. En Rusia, la fiesta del solsticio de verano se conocía como Kupalo, del verbo *kupati* («bañarse»), y se celebraba con baños masivos en la mañana del solsticio de verano. En Portugal se creía que el agua poseía poderes curativos especiales en la víspera de San Juan (*Spiritual Humanism*). El árbol de San Juan y los bailes del Palo de Mayo siguen siendo el centro de las celebraciones suecas en este día.

Nativos americanos

Las celebraciones del solsticio de verano eran comunes entre muchas tribus nativas americanas. Los indios hopi de Arizona celebraban danzas con kachinas (bailarines enmascarados), que representaban a los espíritus de la fertilidad y de la lluvia, y llevaban mensajes a los dioses. Los *siux* y los *natchez* realizan danzas ceremoniales del sol. Muchas de estas tradiciones perduran hasta nuestros días.

Dioses y diosas

A medida que gira la Rueda del Año, el Dios y la Diosa se transforman, acompasados con el cambio de estación. La Diosa Triple, que puede manifestarse como la Doncella, la Madre o la Anciana, se encuentra en su aspecto de Madre durante el Solsticio de Verano, embarazada del hijo de su consorte, el Dios. En algunas tradiciones, el Dios es fuerte y viril; en la cima de su poder, reflejando la gloria y la fuerza del sol en el cielo. En otras, se sacrifica para que la tierra florezca y las cosechas crezcan. En cambio, en otras culturas, esto no ocurre hasta el siguiente sabbat, el Lughnasadh, u, ocasionalmente, hasta Mabon, el equinoccio de otoño.

En su libro clásico, *The Spiral Dance*, Starhawk lo expresa así:

> Ahora, en este día más largo, la luz triunfa y, sin embargo, comienza el declive hacia la oscuridad. El Rey Sol crecido abraza a la Reina del Verano en el amor que es la muerte, porque es tan completo que todo se disuelve en la única canción de éxtasis que mueve los mundos. De este modo, el Señor de la Luz muere a sí mismo y zarpa a través de los oscuros mares del tiempo, en busca de la isla de luz que es el renacimiento.

Esto podría interpretarse como que en el propio solsticio de verano, el Dios está vivo, fuerte y lleno de amor tanto por su Diosa esposa como por su tierra. Solo cuando el sol se pone en el solsticio de verano comienza a morir, y, al igual que su luz, se apaga lentamente. Muchas culturas antiguas reflejaron gran parte de este sentimiento en sus celebraciones, a pesar de que su propio sistema de creencias puede no coincidir con los actuales. Podían honrar a diversos dioses en el solsticio de verano, pero la mayoría eran dioses y diosas del sol, del fuego, de la guerra y/o del trueno, o, a veces, dioses y diosas sanadores o del agua, del amor, diosas madres o diosas embarazadas.

Estas son algunas de las diosas más comúnmente asociadas y celebradas en el solsticio de verano:

- *Aestas*: Diosa romana del verano. El solsticio de verano es su tiempo sagrado.
- *Aine*: Diosa celta del sol y del fuego. Su fiesta en el solsticio de verano incluye una procesión con antorchas y una

vigilia. Su nombre significa «chispa brillante». También se cree que es la reina de las hadas.

- *Amaterasu*: Diosa japonesa del sol. Es la diosa central de la religión sintoísta, y se la conoce como la diosa «de la que procede toda la luz».

- *Anuket*: Diosa egipcia del Nilo. El Nilo solía desbordarse en la época del solsticio de verano, aportando fertilidad a la tierra, por lo que Anuket era venerada como alimentadora de los campos.

- *Afrodita*: Diosa griega del amor, especialmente del amor sexual. Nació de las olas.

- *Benten (también Benzaiten)*: Diosa japonesa del amor. Se sigue celebrando un festival en su nombre en el solsticio de verano.

- *Brigantia*: Diosa celta del verano (a veces se la confunde con Brigid). Es la diosa del fuego, la curación, la fertilidad y los pozos sagrados. Se dice que en el solsticio de verano esparce el fuego de la creatividad y la inspiración.

- *Iarila*: Diosa rusa del sol cuyo nombre significa «sol ardiente». Celebrada en el solsticio de verano con fuego y agua junto con su hermano/compañero Iarilo. Unas efigies en forma de figuras de los hermanos se queman durante el solsticio de verano; también se les conocía con los nombres de Lada y Lado, Kupal'nitsa y Kupalo, y, más tarde, se cristianizaron en María e Iván (de donde surgió el día de San Iván, una variación del día de San Juan).

- *Saule/Saules*: Diosa báltica del sol. Su nombre significa «sol». Está casada con la luna.

- *Solntse*: Diosa eslava del sol. Se casaba con su marido, la luna, en el solsticio de verano.

Y estos son algunos de los dioses:

- *Agni*: Dios hindú del fuego. Sus rayos traen la lluvia para fertilizar la tierra.

- *Apolo*: Dios griego/romano de la curación, la música y el sol. Conducía su carro por el cielo cada mañana para traer el sol.

- *Balder/Baldur*: Dios escandinavo/nórdico de la luz. Nace en el solsticio de invierno y muere en el solsticio de verano.

- *Hoder/Hodur*: El opuesto nórdico de Balder, dios de la oscuridad. Nace en el solsticio de verano y muere en el solsticio de invierno.

- *Jano*: Dios romano de las puertas. Tiene dos caras que miran hacia delante y hacia atrás. Jano vela por el cambio de año.

- *Kupalo*: Dios eslavo/ruso de la paz. Se le celebra en el solsticio de verano con rituales acuáticos.

- *Ra*: Dios egipcio del sol. Él creó el mundo.

Nombres alternativos

La mayoría de las fiestas paganas tienen más de un nombre. Este puede ser una denominación antigua de uso general, como la Noche de San Juan, o nombres que han surgido desde el advenimiento del paganismo moderno y que son más comunes en el ámbito de la brujería, como Litha. Y, por supuesto, las distintas culturas tienen nombres diferentes, aunque a menudo se traduzcan igual. También existen las denominadas «fiestas asociadas», que tienen lugar alrededor de la misma época del año, y que pueden celebrarse junto con el sabbat o por separado.

Estos son algunos de los nombres alternativos del solsticio de verano: Alban Heflin (druidas modernos), Enyovden (Bulgaria), Fiesta del Sol (azteca), Feill-Sheathain (escocés), Día del Encuentro, Día de Ivan Kupala (Rusia), Juhannas (Alemania), Litha (pagano moderno, posiblemente sajón), Méan Samhraidh (celta), Sonnenwende (nórdico/alemán; traducido como «Giro del Sol», utilizado tanto para el solsticio de verano, como de invierno), Solsticio de Verano y Marea de las Cosas (escandinavo).

Símbolos tradicionales del solsticio de verano

Una forma de hacer más significativo tu ritual o celebración del solsticio de verano es integrar algunos de los símbolos clásicos de la festividad, muchos de los cuales se han utilizado en diversas culturas durante siglos. Al fin y al cabo, el verano tiene muchas características similares sin importar dónde estés.

Entre ellos puede haber meros símbolos, por supuesto, pero también plantas, animales, colores y mucho más. Esta es una lista básica, con algunas sugerencias sobre cómo incorporar estos elementos a tu ritual, pero siempre puedes añadir cualquier otra cosa que te parezca adecuada. Al igual que con el resto de prácticas mágicas, no existe una única forma «correcta» de hacer las cosas, y es importante que escuches a tu corazón.

Animales

- *Las abejas*: Símbolo de abundancia, mensajeras de los espíritus, augurio de una nueva vida y de buena salud, relacionadas con la dulzura. Utiliza miel en su ritual o prepara pasteles de miel o hidromiel para tu banquete, si lo celebras. Pon un poco de miel en un plato para las hadas. Quema velas de cera de abeja. Planta flores que resulten especialmente atractivas para las abejas (como el bálsamo de abeja, de acertado nombre, por ejemplo). Tómate un momento durante tu ritual para agradecer a las abejas su duro trabajo polinizando las plantas para que crezcan las cosechas.

- *El caballo*: Símbolo de poder, fuerza, rapidez y virilidad. Los caballos pueden representar el sol, la tierra, la libertad y la energía. La imagen de un caballo corriendo indómito por una antigua llanura evoca salvajismo y alegría. En muchos mitos, los caballos se utilizaban para tirar de los carros del sol a través del cielo, trayendo la luz por la mañana y lleván-dosela por la noche. Puedes invocar a la diosa Épona, una antigua diosa madre que a menudo era representada mon-tando a caballo, o a Apolo, cuyo carro del sol era tirado por cuatro caballos llamados Pyrios, Aeos, Aethon y Phlegon. Utiliza una figura, imagen o símbolo de caballo si necesitas un impulso de vitalidad o para contagiarte con su velocidad y su fuerza. También se puede utilizar una herradura para representar al caballo, será útil si estás realizando una labor mágica para lograr la suerte y el éxito.

- Golondrinas, chochines y otras aves de verano: Estas aves se asocian con el regreso del sol. Las aves que emigran suelen considerarse símbolos de la estación, ya que su regreso anuncia la vuelta del sol. Si puedes estar al aire libre en el solsticio de verano, tómate un tiempo para escuchar el canto de los pájaros y verlos volar sobre tu cabeza. Dispersa el humo del incienso o la salvia que uti-lices durante el ritual con una pluma, o pon un poco de alpiste para agradecerles su presencia. Si te encuentras con un huevo en el suelo, puedes ponerlo en tu altar (nunca cojas uno de un nido, a menos que tengas muy claro que el nido está abandonado).

- Halcones y águilas: Consideradas aves solares por su alto vuelo, también son símbolo de poder y de fuerza. Los halcones, las águilas y los gavilanes siempre se han asociado con el sol, probablemente porque vuelan tan alto que parece que se dirigen hacia el propio sol. Las águilas eran el símbolo del dios del sol egipcio Ra, representaban el poder solar para los aztecas, eran mensajeras del dios griego Zeus, y, por lo general, simbolizaban la renovación del espíritu y el triunfo de la vida sobre la muerte. En la mayor parte de Estados Unidos es ilegal coleccionar o poseer plumas de águila, pero se suele utilizar la pluma de un ave menor para representar al águila, el halcón o el gavilán. Del mismo modo, puedes tener una imagen o una figura en tu altar. Si estás bailando alrededor de una hoguera, extiende los brazos y atrae la energía de estas aves feroces hacia tu propio espíritu mientras lo echas a volar.

- Las mariposas: Símbolo del renacimiento (pasan de ser una crisálida inerte a una hermosa criatura voladora) y del alma. Pon mariposas de seda o de papel en tu altar, o cuélgalas donde revoloteen con la brisa (en una ventana abierta, tal vez). Al igual que las abejas, las mariposas sorben el néctar de las flores y esparcen polen que luego fertiliza las plantas, por lo que también puedes darles las gracias y plantar algunas de las flores que les gustan. La regia mariposa monarca se alimenta principalmente de algodoncillo, que puede que te resulte difícil de encontrar. Intenta plantar un poco, o coloca una vaina simbólica de algodoncillo en tu altar. Como las mariposas son un símbolo de cambio, puedes recortar un trozo de papel con forma de mariposa, escribir en él las cosas que te gustaría cambiar y luego quemarlo como parte de tu ritual. Visualízate entrando en un capullo y saliendo convertido en la persona que quieres ser.

- El toro: Símbolo de fertilidad, poder, fuerza (asociado al dios y a la realeza). A diferencia de los paganos de la antigüedad, es poco probable que vayas a asar un toro entero, pero, sin duda, puedes echar un par de filetes a la parrilla, si es que comes carne. También puedes utilizar símbolos del signo del zodiaco Tauro, el toro, en tu altar; o el símbolo rúnico *Uruz*, que representa al buey salvaje, ᚾ, y por tanto significa fuerza de voluntad, poder y salud.

- La vaca: Símbolo de la abundancia, de las diosas madres (por la leche) y de la riqueza. Para celebrar a la vaca, sirve platos de leche o queso en tu banquete, o haz pan de queso para el momento de los pasteles y el *ale* (la parte de un ritual en la que se consume comida y/o bebida tanto para celebrar como para enraizar). Coloca un par de figuritas de vaca en tu altar, o una imagen de Hathor, la diosa egipcia del cielo con cabeza de vaca. También puedes utilizar el símbolo rúnico *Fehu*, ᚠ, que significaba ganado en el uso nórdico original y representa la riqueza o la buena fortuna por la que estás trabajando duro y la plenitud.

Símbolos:

- Círculos y discos: Los círculos y los discos son representaciones sencillas del sol. Muchas de las culturas más antiguas legaron a la posteridad petroglifos (dibujos en las paredes de rocas o cuevas) con sencillos círculos o discos para representar el sol. Si tienes que hacer algo que no sea demasiado obvio, este es un buen símbolo que puedes utilizar.

- Cruces de brazos iguales y esvásticas: Las esvásticas (cruces de brazos iguales con extremos en los brazos) eran originalmente símbolos utilizados en la culturas hindú y escandinava, asociados con la buena suerte y el movimiento a través del ciclo del año. Hoy en día apenas se utilizan debido a sus connotaciones negativas. Las cruces de brazos iguales, sin embargo, también representan los cuatro cuartos del año (los dos solsticios y los dos equinoccios), y son más aceptables. Las cruces celtas y las cruces de Brighid son dos ejemplos comunes. Se pueden hacer cruces sencillas de brazos iguales cruzando dos trozos de madera y atándolos entre sí con un lazo, hilo o tiras de sauce. Si quieres hacer una para arrojarla a una hoguera, utiliza roble o avellano, si puedes encontrarlos. Si lo deseas, puedes atar con el lazo un trozo de papel con un hechizo o una oración.

- Espirales: Otro símbolo muy antiguo que se remonta al principio de los tiempos, se cree que representaba los viajes del sol, así como el viaje de la vida a la muerte y viceversa.

- Hadas: Las hadas representan el mundo mágico. Hay tres momentos en la Rueda del Año que se consideran óptimos para conectar con las hadas: el solsticio de verano, la noche anterior a Beltane y el Samhain. Las hadas rara vez se ven, pero a veces se puede sentir su presencia, o dejan tras de sí señales de su paso, ya que a menudo son traviesas y aficionadas a gastar bromas a los humanos desprevenidos. Si deseas congraciarte con ellas, lo mejor es dejarles pequeños regalos u ofrendas, como fragantes flores o un pequeño cuenco de miel o hidromiel. Sé siempre cortés y respetuoso cuando trates con ellas; aunque las imágenes modernas las muestran como seres diminutos y monos, las historias antiguas no siempre están de acuerdo y es mejor tener precaución.

- Hierbas: Todo lo que crece se celebra en el solsticio de verano. Tradicionalmente, se considera el momento más propicio para recoger cualquier hierba que desees utilizar para la curación o el trabajo mágico durante el año venidero. Por supuesto, no todo está listo para ser cosechado todavía, pero si tienes un jardín de hierbas, este es un buen día para recoger las que hayan alcanzado la madurez. Puedes utilizar una bolina (el cuchillo de mango blanco que muchas brujas reservan para cortar plantas) o cualquier otra herramienta limpia. Cosecha al amanecer, cuando el rocío aún está en las plantas, o al mediodía, cuando el sol está alto. Las plantas mágicas, como la verbena, la milenrama y la hierba de San Juan son hierbas especialmente buenas para cosechar a mediados de verano. Si lo deseas, puedes utilizar después algunas de las plantas recién cortadas en tu ritual de solsticio de verano.

- Hilar/Hilanderas: Muchas de las diosas asociadas con el solsticio de verano también estaban relacionadas con el oficio de hilar o tejer.

- Hogueras o fogatas: Aparte del propio sol, la hoguera (también conocida como «fuego necesario») es probablemente el símbolo más universalmente utilizado en el solsticio de verano, compartido por casi todas las culturas, desde los aztecas hasta los romanos. Las distintas tierras tenían tradiciones diferentes, pero muchas de ellas incluían encender una hoguera en lo alto de una colina o cerca de un pozo sagrado, bailar a su alrededor o saltar sobre ella, quemar tipos específicos de madera (a menudo roble, aunque no siempre) o utilizarlas para quemar imágenes, flores o hierbas. A veces, se conducía a los animales a través de las brasas moribundas para obtener salud y protección en el año venidero, y los trozos de madera quemada que sobraban cuando las hogueras se extinguían se guardaban para atraer la buena suerte o para posteriores trabajos de magia. Si haces una hoguera en el solsticio de verano, asegúrate de guardar algunos trozos de las brasas.

- Pozos sagrados: En toda Europa, y también en algunos otros lugares, la gente peregrinaba a pozos sagrados durante el solsticio de verano en busca de curación y bendiciones. A menudo, estos pozos solo se visitaban en el solsticio o en otros días especiales. Aunque la mayoría de estos lugares ya han desaparecido, todavía quedan unos pocos, y si vives cerca o estás de visita en una zona donde haya uno, puede que te merezca la pena hacer el viaje en el solsticio. A veces se consideraba que estos pozos eran lugares de transición entre nuestro mundo y otro, o que simbolizaban el útero de la tierra y/o una diosa madre.

- La rosa: Una hermosa flor a menudo asociada con diosas del amor como Venus y Afrodita que suele estar en flor en esta época del año y puedes utilizar para decorar tu altar. Los pétalos de rosa o los escaramujos (el fruto del rosal) también pueden utilizarse en rituales, especialmente en cualquiera que implique magia amorosa.

- La rueda solar: La rueda se utilizaba a menudo como símbolo del viaje del sol a través del cielo. A menudo se hacían rodar ruedas ardientes colina abajo en el solsticio de verano (no recomiendo especialmente intentar esto en casa...).

- El sol: La representación más común del solsticio de verano es el propio sol. Ya se trate del sol real, de flores que se asemejaban al sol o de cualquiera de los símbolos asociados como el fuego, las ruedas o los discos. Casi todas las celebraciones del solsticio de verano se centran en la posición del sol en el cielo, así como en su poder y energía.

No todos estos símbolos se adaptan igual de bien al mundo moderno, pero puedes elegir las tradiciones y asociaciones que resuenen más contigo y con tu vida e integrarlas en tu práctica personal del solsticio de verano.

LAS TRADICIONES
MODERNAS

ew beginnings, birth, renewal, rejuvenation, balance, fertility, chang

strength, vernal equinox, sun enters Aries, Libra in the Sou

Green Man, Amalthea, Aphrodite, Blodeuwedd, Eostre, Eo

na, Flora, Freya, Gaia, Guinevere, Persephone, Libera, A

Renpet, Umaj, Vila, Aengus MacOg, Cernunnos, Herma, The

Kama, Mabon Osiris, Pan, Thor, abundance, growth, health, ea

tual healing, patience understanding virtue, spring, honor, contentm

ychic abilities, spiritual truth, intuition, receptivity, love, inner se

mprovement, spiritual awareness, purification, childhood, innocence

bility, creativity, communication, concentration, divination, harmo

abilities, prosperity, attraction, blessings, happiness, luck, money

ity, guidance, visions, insight, family, wishes, celebrating life cy

friendship, courage, attracts love, honesty, good health, emotions,

y, improvement, influence, motivation, peace, rebirth, self preserva

feminine power, freedom, optimism, new beginnings, vernal equino

rocreation, sun, apple blossom, columbine, crocus, daffodil, daisy

aisy, honeysuckle, jasmine jonquil, lilac, narcissus, orange blossom

rimrose, rose, the fool, the magician, the priestess, justice, the sta

ts, gathering, growth, abundance, eggs, seeds, honey, dill, aspar

Cada época del año tiene su energía particular que se refleja en los distintos sabbats. Por ejemplo, en el Imbolc, la energía es tranquila y preparatoria, a la espera de que la tierra vuelva a despertar. En el equinoccio de primavera, la energía es burbujeante y esperanzadora a medida que brota la nueva vida. La energía del solsticio de verano es justamente eso: energética. Al fin y al cabo, el sol es energía y la tierra rebosa vigor y vitalidad.

Esta energía estacional dicta los temas generales de la festividad, así como los tipos de trabajos mágicos que se suelen realizar en este día o en torno a él. En el solsticio de verano, los temas principales son la abundancia, el crecimiento, la fertilidad y el crecimiento de todo tipo. Esto significa que el solsticio de verano es un buen momento para trabajar en la prosperidad o en cualquier cosa positiva que desees que siga prosperando.

Se honra a las diosas madres y a las diosas embarazadas, por lo que, a menudo, se representa a la Diosa en su aspecto de Madre. También suelen tener lugar celebraciones dedicadas a las madres, a la familia o al embarazo.

Este sabbat es un buen momento para conectar con la tierra, con las cosas que crecen en general y con los seres feéricos (con el debido respeto y precaución, por supuesto). En este día se practica todo tipo de magia verde. Tradicionalmente, esta fecha también se ha relacionado con la curación, especialmente en conjunción con pozos sagrados y otras masas de agua.

El amor es a menudo un tema central, ya sea el amor materno-filial, el amor por la tierra (madre) y el sol (padre), o el amor romántico. A menudo se recurre a las diosas del amor para pedirles su bendición y su ayuda, y pueden celebrarse bodas y pedidas de mano como parte de la celebración del solsticio de verano.

Por supuesto, el tema principal del solsticio de verano siempre ha sido la celebración del sol. Esto puede manifestarse como un ritual del fuego o del sol, para honrar al dios en su apogeo y despedir a la mitad luminosa del año o simplemente a través del deleite de la luz y la energía de la estación.

El empoderamiento, el crecimiento, la abundancia, el amor y la alegría son los temas del solsticio de verano, y lo han sido a lo largo de los siglos en muchas culturas de todo el mundo. Es el día más largo del año y el sol llena el cielo de luz y energía. Nuestros antepasados utilizaban el solsticio de verano para celebrar estas cosas, y nosotros también.

Energías antiguas en un mundo moderno

La mayoría de las fiestas paganas que han pervivido hasta nuestros días se basan en un calendario agrícola. Honraban un estilo de vida en el que se vivía sin electricidad ni fontanería en el interior de las casas, a merced del clima y en completa dependencia de cualquier alimento que pudiera criarse o cazarse localmente.

Muy pocas brujas y paganos modernos tienen vidas que se parezcan remotamente a las de nuestros antepasados (lo que la mayoría de nosotros agradecemos). Disponemos de iluminación artificial y no necesitamos confinar la mayor parte de nuestras actividades a las horas en las que el sol está en el cielo. Aunque por este motivo tendemos a perder de vista gran parte de las restricciones estacionales que tanto influyeron en los primeros paganos. ¿Importa que el sol salga o se ponga antes, o que los días sean más cortos, si lo único que tenemos que hacer es encender una lámpara para alargar las horas de luz?

También obtenemos todos o la mayoría de nuestros alimentos en un supermercado, algunos de ellos procedentes de países lejanos. Nuestra carne está envasada y envuelta en plástico, lo que aleja nuestra conexión con los animales de los que procede. Ya no estamos limitados a comer solo los productos de temporada o que crecen en la zona del país donde vivimos. Una sequía o una helada temprana pueden hacer subir los precios de esos alimentos, pero la mayoría de nosotros nunca correremos el riesgo de morir de hambre porque el mal tiempo haya arruinado nuestras cosechas (aunque los que cultivan huertos de forma extensiva seguramente maldecirán la pérdida de tiempo y esfuerzo que han invertido en el empeño).

Teniendo en cuenta que la mayoría de las fiestas que celebramos se basaban en condiciones muy diferentes a las que vivimos ahora, ¿siguen siendo relevantes? ¿Cómo podemos seguir estableciendo una conexión entre nuestro mundo y el de nuestros antepasados y, al mismo tiempo, asegurarnos de que estamos siendo coherentes con nuestra propia realidad moderna? Afortunadamente, no es tan difícil como podría parecer.

Los sabbats, después de todo, se basan no solo en circunstancias y entornos cambiantes, sino también en las energías de la tierra que hay bajo nuestros pies, en el ciclo estacional y en el sol que está sobre nuestras cabezas. Estas cosas han permanecido más o menos igual a lo largo de los siglos, y siguen afectándonos a nosotros como lo hicieron a nuestros antepasados. Tan solo tenemos que encontrar la manera de hacer que esa conexión tenga sentido en el contexto de nuestras propias vidas y de nuestras propias prácticas espirituales.

El solsticio de verano y la rueda del año

Es fácil ignorar las fluctuaciones de la energía estacional cuando estamos inmersos en un mundo artificial. Y, francamente, la mayoría de la gente no tiene la opción de retirarse al interior durante el invierno, acurrucarse junto al calor del fuego y contar historias, levantarse más tarde y acostarse más temprano debido a los días más cortos. Si lo haces, ¡es probable que acaben despidiéndote de tu trabajo!

Pero eso no significa que no debamos prestar atención a los giros y cambios de las energías naturales. En general, estas nos afectan en maneras de las que apenas somos conscientes. Intentar luchar contra el flujo natural de las cosas puede provocar estrés, depresión y frustración, e, incluso, causar problemas físicos y psicológicos que reducen el disfrute de nuestras vidas.

La Rueda del Año nos ofrece una forma de sintonizar con esos ciclos naturales, ayudándonos a recordar que nuestro entorno es artificial y que nos rodea una realidad auténtica y diferente, con la que, con algo de esfuerzo, podemos conectar. Los sabbats no son solo momentos de celebración, como lo fueron para nuestros antepasados, sino también una oportunidad para restablecer nuestra relación con los ritmos innatos del universo.

Si sigues la Rueda a medida que gira, verás que la energía del planeta se mueve a través de un ciclo predecible que pasa del reposo lento y tranquilo de los meses más oscuros y fríos, al despertar creciente a medida que el calor y la luz aumentan y la nueva vida reaparece, conduciendo así a un estallido exuberante de crecimiento y abundancia antes de volver a ralentizarse cuando llega la cosecha y la naturaleza comienza a apagarse o morir a medida que vuelven la oscuridad y el frío. Y entonces la Rueda gira una vez más, y todo vuelve a comenzar.

Cuándo se produce cada una de estas partes del ciclo y cómo de drásticos son los cambios depende de dónde viva cada persona. En algunos lugares hay cuatro estaciones radicalmente diferentes:

cuando hace frío, hace frío de verdad, cuando oscurece, está oscuro de verdad, y los cambios de humor de la naturaleza son bastante difíciles de ignorar. En otros lugares, los cambios estacionales son moderados, y aunque la luz sigue cambiando, las temperaturas pueden no fluctuar tanto, y el frío puede significar estar a 15 grados en vez de a 24. No obstante, la Rueda del Año afecta a todo el mundo, de un modo u otro.

El solsticio de verano cae a medio camino entre el equinoccio de primavera y el equinoccio de otoño, cuando la energía del ciclo está en su punto álgido. Hay más luz de la que habrá en cualquier otro momento a lo largo de la Rueda, y la energía nunca será mayor. Es el momento de la actividad y del movimiento hacia delante. A diferencia del Imbolc, cuando planeábamos las cosas en las que deseábamos trabajar en el transcurso del año, ya fueran prácticas o espirituales, o el Ostara (el equinoccio de primavera), cuando plantábamos las semillas para que esas cosas llegaran a suceder, ahora es el momento de estar haciendo las cosas en lugar de estar pensando.

Si has estado dándole vueltas a los objetivos o sentando las bases de futuras posibilidades, el solsticio de verano es tu señal para empezar, empezar, empezar. Establece tu plan de acción y ponlo en marcha. Utiliza el poder de la energía que te rodea para estar más motivado y poder conseguir las cosas que te propongas. No pasa nada por quedarse despierto un poco más tarde, o levantarse un poco antes, siempre que te parezca bien.

El solsticio de verano también es un buen momento para poner a prueba tu estado físico. Si eres como la mayoría de la gente, puede que pases gran parte del día en el interior, sentado detrás de un escritorio. Cuando sale el sol en el solsticio de verano, nos recuerda que debemos levantarnos y movernos: dar un paseo, ir a nadar si tienes la suerte de tener una masa de agua cerca, lanzar un palo al perro o simplemente bailar alrededor de una hoguera. Y sigue moviéndote, incluso después de que termine la jornada, mientras la luz sea fuerte en el cielo (es mejor mantenerse activo durante todo el año, pero la energía del sol del verano nos lo pone más fácil a muchos de nosotros).

Utiliza la luz de la estación para sintonizar con la luz interior que todos llevamos dentro. Deja que el resplandor del sol en lo alto te recuerde que debes ver el lado bueno de las cosas y que es importante dejar que tu propia luz interior brille para que el resto del mundo la vea. El solsticio de verano es, en cierto modo, la festividad más poderosa de la Rueda (aunque se podría argumentar que el Samhain tiene una energía bastante asombrosa de un tipo diferente). Utiliza este poder para avanzar y canalízalo en una celebración alegre. La magia que se respira en este momento deja claro por qué tantas culturas celebran el solsticio de verano de una forma u otra.

Campo, ciudad o un lugar intermedio

La forma en que honres estos temas en tu vida y cómo celebres el solsticio de verano variará en función de dónde vivas y del camino que sigas. No todo el mundo vive en el campo con un gran jardín lleno de hierbas mágicas y un bosque al salir por la puerta de atrás. Para algunos paganos y gente mágica, es una fuente de frustración cuando todas las instrucciones para celebrar una festividad parecen empezar con «enciende una hoguera» o «cava un agujero en el suelo». Para las brujas de ciudad puede ser difícil mantenerse en contacto con la naturaleza, pero, por otro lado, a menudo tienen acceso a aquelarres o festivales abiertos en grupo, lo que puede no ser el caso de las que viven en zonas rurales más aisladas. Las personas que viven en las afueras pueden tener espacio para un jardín, pero estas zonas suelen estar a la vista de sus vecinos, lo que puede hacer que bailar con un atuendo mágico sea un poco complicado, a menos que no les importe lo que piensen los vecinos.

Pero no te preocupes: puedes seguir disfrutando de tus tradiciones favoritas del solsticio de verano vivas donde vivas. Es una cuestión de ser flexible y trabajar con lo que tienes a tu disposición. Siempre puedes encontrar alguna forma de celebrar el solsticio de verano. Si todo lo demás falla, puedes trabajar con las energías del amor. Al fin y al cabo, el amor no está limitado por el lugar donde vivas, o por si tienes o no un jardín o puedes o no encender una hoguera. El amor es universal y está disponible para todos nosotros. Invoca a las diosas del amor, como Afrodita o Venus, o haz un ritual centrado en el amor que sientes por tu pareja, tus hijos, tus mascotas o incluso por ti mismo. Envía amor al universo y recuerda abrirte a recibirlo de vuelta. Es el solsticio de verano y el amor está en el aire y los rayos del sol brillan con fuerza.

Caminos diferentes, enfoques diferentes

Aunque muchos paganos y brujas comparten creencias comunes, no todos celebramos las fiestas de la misma manera. Las celebraciones del solsticio de verano tienden a variar menos que algunos de los otros sabbats porque los temas suelen ser bastante universales. No obstante, puede haber variaciones en los enfoques, así que tendrás que decidir cuál te atrae más y cuál funciona mejor con tu propia práctica.

Por ejemplo, los druidas o neodruidas pueden intentar celebrar el solsticio de verano de formas que reproduzcan los rituales en los que hipotéticamente se basaban las prácticas de los antiguos sacerdotes celtas. Pueden vestir túnicas blancas, utilizar círculos de piedra o árboles y recitar invocaciones a sus dioses y diosas.

Estas mismas deidades son veneradas por los paganos celtas (o reconstruccionistas celtas), cuyas celebraciones también se centran en elementos tradicionales como las hogueras, la danza, el canto, la adivinación y otras prácticas tradicionales de esta cultura ancestral.

Los paganos modernos, cuyas prácticas de culto están tomadas de las tradiciones precristianas de Alemania, Escandinavia y el norte de Europa, invocan a dioses germánicos, como Balder. También lo celebran con hogueras, cantos y bailes. En la tradición pagana, el solsticio de verano es la segunda fiesta más importante del año después del Yule. Aspectos distintivos y característicos de los rituales paganos del solsticio de verano son la confección de coronas y la construcción de pequeñas maquetas de barcos vikingos que se utilizan como ofrendas para quemar en las hogueras. Se refieren al solsticio de verano con el nombre de *Midsumarblot*.

La brujería tradicional es el nombre que se da a veces a la brujería practicada por quienes se consideran independientes y no se etiquetan a sí mismos como wiccanos o neopaganos. Aunque puede abarcar una amplia gama de estilos y enfoques, quienes se consideran Brujos Tradicionales suelen seguir un camino politeísta o centrado en las diosas y basado en la magia popular tradicional. El trasfondo cultural del practicante puede influir mucho en el tipo de magia que practica. Muchas brujas tradicionales celebran o bien los solsticios y equinoccios, o bien las fiestas de mitad del cuarto (como el Imbolc y el Samhain), pero no ambas. Tienden a ser solitarias, por lo que cualquier celebración del solsticio de verano será probablemente una cuestión de trabajo mágico, comunicación con la naturaleza y cualquier otra tradición de carácter más introspectivo.

Los wiccanos practican un tipo más moderno de brujería o de paganismo, basado en tradiciones anteriores pero ampliadas de numerosas formas diferentes. Los wiccanos también pueden presentar prácticas muy diversas, pero, en general, siguen la Rueda del Año y veneran a la Diosa, en sus formas cambiantes de Doncella, Madre y Arpía, y a un Dios Cornudo de cualquier tipo. Los wiccanos pueden ser solitarios o pertenecer a aquelarres, pero a muchos les gusta reunirse para los grandes sabbats como el del solsticio de verano. Una celebración wiccana del Litha puede incluir honrar a la Diosa en su aspecto de Madre, hogueras, tambores y cánticos. También puede haber adivinación, ofrendas para las hadas y uniones de manos, así como saludos generales al sol y un acto de agradecimiento colectivo por la abundancia del verano.

Muchos paganos modernos se consideran brujos eclécticos, una forma de neopaganismo que se inspira en las tradiciones y prácticas de culturas y caminos diferentes. Los brujos eclécticos, que pueden o no considerarse a sí mismos como wiccanos, tienden a seguir un camino basado en la naturaleza que se centra en la Rueda del Año y en las energías naturales que la acompañan. Adoran a distintas formas de diosas y dioses (a menudo numerosos), y pueden practicar por su cuenta o en grupo. Como su nombre sugiere, no existe un único tipo de bruja ecléctica, por lo que sus prácticas pueden variar ampliamente. Sin embargo, es probable que sus celebraciones del solsticio de verano se parezcan a las de los wiccanos o las brujas tradicionales.

No hay una forma correcta o incorrecta de celebrar el solsticio de verano. Los paganos basan sus celebraciones en una combinación de tradiciones culturales, prácticas históricas y en sus propias inclinaciones personales.

Fiestas anuales del solsticio de verano

Aunque hoy en día el solsticio de verano ya no se celebra en todos los pueblos y ciudades, si realmente deseas asistir a un gran festival en esta fecha, hay algunos lugares repartidos por todo el mundo a los que una gran cantidad de gente acude cada año para festejarlo. Podrías buscar si alguno de estos eventos tiene lugar cerca de ti, o elegir como destino de vacaciones un lugar en el que el día más largo del año se viva de forma verdaderamente especial y mágica.

El festival más conocido es probablemente el que se celebra en Stonehenge, en la llanura de Salisbury, situada a unos 130 kilómetros de Londres. Se sabe que más de 20 000 personas se reúnen en las misteriosas piedras erguidas que muchos asocian con los druidas. Si deseas visitar Stonehenge, este es el mejor día para hacerlo; es el único momento en el que se le permite al público entrar en el círculo de piedra. Los druidas (o neodruidas, como se les denomina a veces en la religión moderna), también celebran el solsticio de verano en Glastonbury, Inglaterra, así como en otros lugares menos conocidos.

Al otro lado del país, en Cornualles, los habitantes de Penzance han recuperado la antigua celebración del *Golowan* («solsticio de verano» en lengua córnica). El festival gira en torno al Día de Mazey y el Día de la Feria del Muelle, e incluye músicos, artistas, un mercado con puestos y un gran espectáculo de fuegos artificiales. La ciudad se adorna con vegetación, tal y como se habría hecho en tiempos pasados.

En el resto de Europa, el solsticio de verano se celebra de diversas maneras. En Austria, una procesión de barcos navega por el río Danubio entre hogueras en lo alto de las colinas, fuegos artificiales y ruinas de castillos iluminadas. En Polonia, tiene lugar en Cracovia un festival conocido como *Wianki* (coronas de flores). Hay actuaciones en directo, premios para la corona más bella y fuegos artificiales, entre otros entretenimientos.

En Bergen, Noruega, la hoguera es algo especial. Conocida como la hoguera de barriles más grande del mundo, se crea utilizando barriles apilados por jóvenes de un cuerpo de música local, que luego se queman para celebrar el solsticio de verano noruego, conocido como *Sankthansaften*.

Externsteine, en Alemania, alberga un afloramiento natural de cinco pilares de piedra caliza que han sido alterados a lo largo del tiempo por el hombre. Considerado un lugar sagrado tanto en la Antigüedad como en la actualidad, atrae a numerosos paganos modernos a sus celebraciones del solsticio de verano.

En Estados Unidos también tienen lugar una serie de festivales anuales para celebrar el solsticio de verano. En Santa Bárbara, California, celebran una fiesta de tres días que incluye un desfile, músicos y otros artistas, y mucho más. En Portland, Oregón, la numerosa comunidad lituana aprovecha el solsticio para volver a sus raíces con un festival en el que la gente canta y baila hasta que se pone el sol. Los participantes hacen coronas (de flores para las mujeres y de hojas de roble para los hombres), saltan sobre las hogueras y se lavan la cara con el rocío de la mañana al saludar al sol naciente.

Otra opción completamente diferente es unirte a la celebración del solsticio en Times Square, donde cada año se reúnen más de 8000 personas para practicar yoga durante todo el día. Este evento comenzó en 2002, y su popularidad no ha dejado de crecer desde entonces.

Hay algunas otras celebraciones que coinciden en fecha con el solsticio, aunque en realidad no están vinculadas a la festividad. Por ejemplo, está la *Fête de la Musique*, que se celebra cada año el 21 de junio. Comenzó en Francia, pero ahora se celebra en más de cien países de Europa y de todo el mundo, y da cabida a todo tipo de música.

Cómo celebrarlo: algunas sugerencias básicas

Obviamente, la forma en que elijas celebrar el solsticio de verano dependerá del camino que sigas, de tus circunstancias personales (si vives en la ciudad o en el campo, si practicas en solitario o en grupo, si estás dentro o fuera del armario de las escobas), así como de tus circunstancias personales de ese año determinado. Incluso puede depender de si ese día llueve o no.

Sin embargo, si estás tratando de decidir qué hacer, aquí tienes algunas sugerencias básicas sobre buenas formas de celebrar el solsticio de verano. Puedes integrar tantos o tan pocos de estos elementos como desees en tu propio ritual del solsticio de verano.

El sol

Dado que el solsticio de verano se centra tradicionalmente en el sol, puedes celebrar tu ritual al mediodía, incluir representaciones del sol (incluyendo el color amarillo, discos o ruedas solares, flores que se asocien con el sol, etc.) y ofrecer tu agradecimiento al dios o diosa del sol de tu elección. También puedes celebrar tu ritual al amanecer y saludar al sol naciente.

Obviamente, en un día que celebra el sol, ¡es bueno encontrar la forma de salir al exterior! Si está lloviendo, puede que quieras centrar tu atención en los dioses de la lluvia y el trueno asociados también con la festividad, en lugar de en el dios del sol. Pero, si no puedes celebrar tu ritual al aire libre, hay otras formas de mantener al sol en primer plano. Prueba a levantarte con las primeras luces del alba en el día del solsticio de verano y saluda al sol cuando salga. También puedes despedirte de él cuando se ponga. Si tienes que celebrar un ritual en el interior, intenta encontrar un espacio soleado para hacerlo. La mayoría de los rituales de solsticio de verano se celebran al mediodía o al amanecer, pero si el mejor sol del día cae en medio de tu altar a las dos de la tarde, puede que quieras celebrar la festividad entonces, solo para poder estar bajo la luz.

Fuego

Las hogueras son tradicionales en el solsticio de verano, y puedes hacer una tan grande o tan pequeña como desees. Si no puedes tener un fuego real, las velas o las imágenes de fuego también funcionarán. Puedes colocar velas alrededor del límite exterior de tu círculo o utilizar un pozo de fuego para quemar ofrendas.

Si dispones de una hoguera, puedes arrojar ofrendas de hierbas, oraciones escritas en trozos de papel o simplemente bailar a su alrededor en señal de celebración.

Dado que el solsticio de verano es una fiesta del fuego, es bueno hacer una hoguera si puedes. Pero, si no tienes un buen sitio para cavar un pozo de fuego, hay otras opciones. Si vives en la ciudad, comprueba si se está celebrando algún ritual público (o incluso festivales del solsticio no paganos, algunos de los cuales se celebran todos los años); a veces, estas personas pueden conseguir permisos o encontrar lugares donde estaría permitido hacer una hoguera. Las hogueras, aunque tradicionales, tampoco son la única forma de fuego. Si tienes una parrilla de barbacoa que utilice carbón vegetal, te servirá. Si dispones de poco espacio, pero tienes un balcón o un lugar al aire libre, puedes utilizar un pequeño *hibachi* de hierro fundido. Quienes vivan cerca de parques públicos quizá puedan encontrar alguno que ofrezca pozos de fuego para los campistas o parrillas de barbacoa para los excursionistas. [Nota: ten en cuenta que, si vives en una zona del país con riesgo de incendios forestales en esta época del año, quizá te convenga saltarte los fuegos al aire libre durante los años secos y extremar las precauciones el resto del tiempo].

Si no puedes hacer un fuego grande, intenta sustituirlo por velas. Se puede llenar un caldero o un cuenco ignífugo con arena o sal y colocar dentro un círculo de pequeñas velas. Si puedes utilizar velas de cera de abeja, aún mejor, ya que las abejas son una de las criaturas sagradas del solsticio de verano. Quien, por cualquier circunstancia, no pueda disfrutar del fuego real bajo ningún concepto, puede comprar pequeñas velas con llamas falsas hechas de cinta; un ventilador alimentado por batería hace que las cintas se muevan como si fueran llamas vivas. También hay velas de té con luces LED que funcionan con pilas y parecen casi de verdad.

Agua

Las peregrinaciones a pozos sagrados u otras masas de agua desempeñaban un papel fundamental en muchos rituales primitivos. Dado que el agua sagrada suele asociarse con la curación, prueba a darte un baño con hierbas sanadoras antes de iniciar tu ritual formal, o pasa un cuenco de agua alrededor de tu círculo si estás celebrando el Litha con otras personas. Si tienes la suerte de vivir cerca del océano, un río, un arroyo, un lago o un estanque, quizá quieras hacer una peregrinación por tu cuenta para agradecer al agua sus dones. No olvides llevar una pequeña ofrenda para los guardianes del agua.

Quien no pueda acceder a una fuente natural de agua, aún puede invocar el espíritu del agua en su propia casa. Prueba a utilizar una fuente de mesa o un cuenco lleno de agua de lluvia que hayas recogido con antelación. No te preocupes si te limitas al agua que sale de tu grifo; al fin y al cabo, toda el agua está conectada y, en un momento dado, el agua de tus tuberías puede haber sido una gota en el océano o el rocío de una hoja matutina. Bendice y consagra un cuenco de agua en tu altar. Es recomendable dejarlo expuesto a la luz de la luna llena que precede a la festividad para darle un poco más de fuerza. Si es un día caluroso, puedes incluso probar a correr en torno al aspersor, si dispones de uno.

Hadas

El solsticio de verano se considera un día poderoso para entrar en comunión con el pueblo de las hadas. Muchas tradiciones aprovechan esta ocasión para hacer ofrendas o gestos de buena voluntad hacia los seres feéricos. Si vas a celebrarlo en el exterior, puedes integrar un detalle hacia ellas en tu ritual. Prueba a colocar flores conocidas por atraer a las hadas alrededor del exterior de tu círculo, o pon un cuenco de leche. Haz un ritual que incluya pedir las bendiciones de las hadas. Es cierto que probablemente tengas más probabilidades de encontrar hadas en el campo; se dice que se sienten incómodas si hay demasiado metal cerca, especialmente si es hierro frío, y atraídas por las flores, los pájaros y las abejas. Pero ¿quién dice que no hay hadas también en la ciudad? Prueba a poner un comedero para pájaros o a colocar unas cuantas flores de colores en una ventana abierta. Puede ser útil colocar en un lugar visible algunos pequeños cuencos de ofrendas: se dice que a las hadas les gusta el hidromiel y la miel (con la que se elabora el hidromiel), así como los pequeños dulces. Algunos cuentos dicen que también les gusta la leche. Las cosas bonitas y brillantes pueden atraer su atención. Recuerda que cuando trates con los seres feéricos debes ser siempre respetuoso y educado. Pueden ponerse bastante insoportables si se les molesta.

Vigilias

Numerosas culturas celebran vigilias en el solsticio de verano, ya sea de amanecer a amanecer (la mañana del solsticio hasta la mañana siguiente), o desde la puesta de sol de la víspera del solsticio hasta la puesta de sol del día del solsticio. Intenta levantarte con el sol el día del solsticio de verano y ofrécele un saludo formal a él y al dios y/o diosa del sol de tu elección. Si puedes, mantén una actitud espiritual durante todo el día y luego ofrece un agradecimiento formal al sol, ya sea al atardecer o al amanecer de la mañana siguiente. Una vigilia puede ser una poderosa experiencia espiritual.

Uniones de manos

El solsticio de verano es un día tradicional para las bodas y las pedidas de mano. Si estás planeando celebrar una boda pagana, quizá te convenga celebrarla en el solsticio de verano (si incluyes a personas no paganas, puedes explicarles las tradiciones). La unión de manos puede ser un ritual en sí mismo o parte de un ritual mayor. Puedes incluir elementos de las tradiciones del solsticio de verano, como celebrar la unión de manos al mediodía para disfrutar de las horas más fuertes del sol o hacer una hoguera durante o después del ritual. El cáliz puede contener agua sagrada para representar los pozos sagrados a los que acudían los peregrinos, o hidromiel, que también podéis compartir con las hadas. Si en la ceremonia participa una adorable niña de las flores, puedes incluso vestirla de hada y hacer que esparza pétalos de rosa por el exterior del espacio ritual como una forma preciosa de trazar el círculo.

Mitad clara/mitad oscura del año

En muchas culturas, el solsticio de verano señala el momento en el que la mitad luminosa del año da paso a la mitad oscura. Organiza un simulacro de batalla entre el Rey del Acebo y el Rey del Roble, o da las gracias formalmente a la luz antes de reconocer la llegada de la oscuridad. Si lo celebras en grupo, podéis coronar a alguien como rey para la próxima mitad del año.

Celebra el crecimiento y la abundancia

El mundo natural florece en pleno solsticio de verano. Decora tu casa o círculo ritual con flores, hojas de roble y/o cosechas de tu jardín o de los cultivadores locales. Celebra un festín con alimentos fácilmente disponibles en esta época del año, con frutas y verduras frescas, pan recién horneado y bebidas tradicionales como hidromiel o zumo de frutas. Realiza rituales centrados en la abundancia, el crecimiento, la prosperidad y el aprecio por la naturaleza.

En un mundo perfecto, todos podríamos pasar el solsticio de verano en medio de un prado lleno de hermosas flores, paseando por un jardín o contemplando un campo en el que el verdor estallara a nuestro alrededor. Pero, si eso no es posible, todavía hay muchas maneras de captar la sensación de abundancia y energía del mundo natural. Haz un pícnic en un parque o en tu patio trasero con frutas y verduras de temporada (preferiblemente cultivadas lo más localmente posible). Si no tienes jardín, compra unas flores bonitas y ponlas en tu altar o en el centro de una mesa. Sal a pasear y admira todo lo que esté en su máximo apogeo. Busca un roble y recoge algunas hojas caídas para llevártelas a casa. Puedes incluso abrazarlo y sacar algo de la maravillosa fuerza terrosa de su interior. Si vives en la ciudad, puedes intentar plantar algunas flores o hierbas en una jardinera o en un recipiente de mesa, calculando las fechas con algunas de ellas para que florezcan o den sus frutos lo más cerca posible del día del solsticio de verano. Y, vivas donde vivas, siempre podrás, por supuesto, disfrutar de un suculento banquete.

Bailar y cantar

Muchas de las primeras celebraciones del solsticio de verano incluían bailes en círculo, cantos y jolgorio en general. Intenta incluir estos elementos en cualquier ritual que realices, ya sea en solitario o en grupo. Busca en internet algunos cánticos que te gusten e intégralos en tus ritos. Bailar, especialmente en grupo alrededor de una hoguera, es una parte tradicional de muchas celebraciones del solsticio de verano. Pero no tienes por qué acudir a un gran festival público para llevar la energía mágica de la danza a tu ritual. Si tienes una hoguera, puedes bailar alrededor de ella tú solo. Incluso puedes bailar alrededor de una vela en medio de tu salón. O, simplemente, pon un audio con alguna percusión o cántico que te parezca que capta el sentimiento del solsticio de verano, y baila dondequiera que estés. Se trata más del movimiento alegre que de cualquier otra cosa, así que no te preocupes por tu aspecto o por «hacerlo bien», simplemente déjate llevar por el ritmo y baila.

Adivinación

Puedes incluir alguna forma de adivinación en tu celebración, utilizando piedras rúnicas, cartas del tarot o alguno de los muchos tipos de adivinación utilizados tradicionalmente en las distintas culturas. La adivinación para descubrir al verdadero amor era probablemente la más practicada en esta época.

Magia

Algunas tradiciones sostienen que el solsticio de verano solo debe utilizarse para celebrar, mientras que otras creen que es uno de los días más poderosos del año para el trabajo mágico. Si deseas practicar alguna forma de magia, las energías del solsticio de verano son perfectas para la prosperidad, la curación, el amor, el poder, la creatividad, la fertilidad y la alegría.

Cosecha de hierbas

El solsticio de verano se consideraba a menudo el mejor momento para cosechar hierbas que se utilizarían para la magia y/o la curación. Si tienes un jardín de hierbas, intenta cosechar algunas plantas de forma consciente como parte de tu celebración de la festividad. Mientras las cortas, concéntrate en la energía y el poder del sol que se almacenan en sus hojas y en tus intenciones para su uso posterior. Da las gracias a los elementos que las ayudaron a crecer. Puede que desees cosechar especialmente hierbas y flores asociadas con el solsticio de verano, como la milenrama, la lavanda y la hierba de San Juan. Los amuletos herbales y las adivinaciones se tratarán en el próximo capítulo, junto con otras variedades de hechizos y trabajo mágico, una forma común para los paganos de conmemorar casi cualquier sabbat.

HECHIZOS Y ADIVINACIÓN

beginnings, birth, renewal, rejuvenation, balance, fertility, chang...
strength, vernal equinox, sun enters Aries, Libra in the fou...
Green Man, Amalthea, Aphrodite, Blodeuwedd, Eostre, E...
...a, Flora, Freya, Gaia, Guinevere, Persephone, Libera, A...
Renpet, Umaj, Vila, Aengus Mac Og, Cernunnos, Herma, The...
Rama, Mabon Osiris, Pan, Thor, abundance, growth, health, e...
...al healing, patience understanding virtue, spring, honor, contentm...
...chic abilities, spiritual truth, intuition, receptivity, love, inner se...
...mprovement, spiritual awareness, purification, childhood, innocence...
...ility, creativity, communication, concentration, divination, harmo...
...abilities, prosperity, attraction, blessings, happiness, luck, money...
...ity, guidance, visions, insight, family, wishes, celebrating life cy...
...friendship, courage, attracts love, honesty, good health, emotions...
...y, improvement, influence, motivation, peace, rebirth, self preserva...
...feminine power, freedom, optimism, new beginnings, vernal equinox...
...rocreation, sun, apple blossom, columbine, crocus, daffodil, daisy...
...aisy, honeysuckle, jasmine, jonquil, lilac, narcissus, orange blosson...
...mrose, rose, the fool, the magician, the priestess, justice, the sta...
...ts, gathering, growth, abundance, eggs, seeds, honey, dill, aspara...

Los hechizos y la adivinación siempre han formado parte de las herramientas básicas de la brujería. Los hechizos son una forma de enviar nuestras intenciones o peticiones al universo, y la adivinación puede utilizarse para obtener información sobre el futuro de distintos tipos de fuentes externas.

Tanto los hechizos como la adivinación requieren de concentración, intención y fe. Aunque no es estrictamente necesario que traces un círculo mágico formal para ninguna de estas prácticas, es algo recomendable si estás realizando un trabajo serio. De lo contrario, simplemente necesitarás un lugar tranquilo y un espacio de tiempo en el que no te molesten. Esto es necesario para propiciar el alto nivel de concentración que hace falta para tener éxito a la hora de lanzar un hechizo o trabajar en alguna forma de adivinación.

El lanzamiento de hechizos a veces puede verse favorecido por el uso de herramientas que nos ayuden a aumentar nuestra concentración, como velas, incienso, música, cristales y piedras preciosas, o similares. Si vas a realizar hechizos o trabajos de adivinación en el solsticio de verano, puede que te resulten útiles algunas de las correspondencias básicas que figuran al final del libro. También puedes utilizar a los dioses o diosas, hierbas, flores, animales y algunos de los símbolos generales que se trataron en el capítulo anterior.

El Litha es un momento perfecto para trabajar con hechizos, especialmente con aquellos que tienen que ver con la prosperidad, la abundancia, la curación, el crecimiento, el cambio y el amor. Es uno de los mejores días del año para tratar de aumentar el poder, la fuerza y la energía, y para simplemente celebrar la vida con alegría.

La adivinación también se realiza tradicionalmente en el solsticio de verano, a menudo en los momentos de transición del amanecer o el atardecer. Puedes utilizar una de las antiguas formas de adivinación o añadir tu propia versión más actual. Tan solo recuerda, tanto si estás realizando un hechizo como si estás lanzando las runas, concentrar tu energía y tu voluntad en cualquiera que sea tu intención (como puede ser, por ejemplo, atraer la curación o encontrar respuestas a una pregunta apremiante) y tener fe en que el universo te enviará exactamente lo que necesitas.

El solsticio de verano, más que cualquier otra época del año, también es perfecto para hacer hechizos sin otro propósito más que celebrar la generosidad y la gloria de la naturaleza, las alegrías de la familia y los amigos, y la luz del sol del verano sobre nuestras cabezas. En este día, esto es más que suficiente.

Un conjunto de hechizos elementales: Tierra, Aire, Fuego y Agua

Magia curativa con agua (Hechizo con agua)

No necesitas tener un pozo sagrado en tu vecindario para poder trabajar con la magia del agua curativa en el solsticio de verano. Este sencillo hechizo canalizará esas mismas energías, sin que el peregrinaje a una de estas masas de agua sea obligatorio.

Necesitarás un caldero o un cuenco profundo y agua suficiente (si es posible, utiliza agua de lluvia o de un río, un lago o un manantial) para llenar el recipiente casi hasta arriba. También necesitarás un pequeño cuenco que contenga sal marina o sal común, así como las hierbas curativas de tu elección (entre las mejores opciones se encuentran las flores de saúco, la lavanda, la melisa, la milenrama o la verbena). Puedes utilizar una o varias, y se pueden sustituir por otras hierbas curativas si no dispones de ellas. Por último, ten a mano un paño blanco o amarillo. Para una dosis extra de poder, puedes poner una de las piedras preciosas del solsticio de verano en el fondo del cuenco.

Si es posible, coloca el recipiente lleno de agua donde pueda darle el sol. Si puedes estar en el exterior, mejor, pero si tienes que estar en el interior, intenta encontrar un lugar donde el sol brille sobre el agua. Si el día está nublado o no dispones de un lugar adecuado, visualiza el sol en su lugar.

Siéntate o arrodíllate frente al cuenco de agua con la sal, las hierbas y el paño. Observa los rayos del sol danzando sobre la superficie del agua, prestándole su poder y su energía. Respira hondo y recita:

Esta agua es pura y sagrada.

Toma unos granos de sal y espolvoréalos sobre el agua, diciendo:

Como las olas del océano y las lágrimas de la diosa Madre,
la sal y el agua son una, y son sagradas.

Desmenuza una pequeña cantidad de las hierbas en la mano y espolvoréalas sobre el agua, diciendo:

Estas hierbas curativas, regalo de la tierra floreciente,
prestan sus poderes sanadores al agua, y así también son una,
y son sagradas.

Coloca las manos a ambos lados del caldero o cuenco y siente la energía del agua en su interior. Cierra los ojos y visualiza un antiguo pozo, sagrado y poderoso, y después visualiza ese pozo transformado en el cuenco entre tus manos. Abre los ojos y sumerge las manos en el agua. Déjalas ahí todo el tiempo que quieras, sintiendo cómo la energía curativa de la sal, las hierbas y el agua viaja por tus dedos y se introduce en tu cuerpo. Cuando hayas terminado, coloca las manos que gotean por encima del cuenco y recita:

Esta agua es sagrada y bendita, y yo también.

Sécate las manos con el paño. Puedes colocar el agua en tu altar durante el resto del día, o bien tirarla después de agradecerle su servicio.

Saludar al amanecer (Hechizo de aire)

Antes, era tradicional saludar al sol naciente en la mañana del solsticio de verano. Si es posible, realiza este sencillo conjuro en el exterior o frente a una ventana abierta orientada hacia el este. Si no dispones de una ventana orientada al este, puedes utilizar otra ventana o un altar colocado hacia el este.

Necesitarás incienso. Los de rosa, lavanda, pino, canela, limón o naranja son apropiados, pero puedes utilizar cualquiera que prefieras. También puedes sustituirlo por una varita de salvia si no te gusta el incienso.

Sal de la cama a tiempo para ver salir el sol. Si puedes, colócate frente a una ventana abierta (o sal al exterior) y observa con atención la salida del sol. Cuando el cielo empiece a iluminarse, enciende el incienso, sóplalo suavemente en el aire y recita:

Bendito sol, saludo a tus rayos
en este sagrado día de solsticio.
Bienvenidos sean tu calor y tu luz,
sacando el día de la noche.
Saludo al alba con el corazón contento,
¡y así comienza ahora el solsticio de verano!

Permanece unos instantes con el sol dándote en la cara, enviando el humo del incienso como ofrenda a la diosa del amanecer. Absorbe la energía del solsticio de verano y llénate de alegría.

Magia del poder del fuego con velas (Hechizo del fuego)

El fuego es uno de los temas principales de una celebración del solsticio de verano, pero no todo el mundo tiene la posibilidad de bailar alrededor de una hoguera. Utiliza en su lugar este hechizo con velas para obtener algo de ese mismo poder y energía.

Necesitarás un caldero de tamaño mediano o un cuenco a prueba de fuego, arena o sal, y siete pequeños portavelas. Las velas de cera de abeja son las mejores si puedes encontrarlas, pero cualquier vela te servirá. Si las velas son rojas, naranjas, amarillas o una combinación de esos colores, tu hechizo será todavía más potente. También necesitarás cuatro trozos de cinta roja o naranja. Dos deben ser lo suficientemente largos como para atarlos alrededor de un tobillo y que quede un pequeño trozo sobrante para que ondeen al moverse. Los otros dos pueden atarse formando un círculo suelto que puedas deslizar sobre tus manos y luego apretar con una sola mano, si estás haciendo el hechizo solo.

Se trata de un sencillo hechizo que imita el gran resplandor de una hoguera, para aquellos que no pueden tener una. Para un efecto completo, el hechizo debe realizarse al anochecer o en la oscuridad, cuando la luz de las llamas de las velas brillará con fuerza en la oscuridad. Puede realizarse en el exterior o en el interior.

Coloca el caldero o el cuenco sobre el suelo o encima de un altar bajo y llénalo unas tres cuartas partes con arena. Si no tienes arena, la sal también servirá. Clava las siete velas firmemente en la arena, asegurándote de que no se caigan. Coloca los cuatro trozos de cinta delante del caldero. Si es posible, sitúa el caldero o el cuenco en una zona rodeada de espacio suficiente para que puedas bailar a su alrededor sin peligro.

Mientras el sol se pone, recita:

¡Es el solsticio de verano! ¡El sol está lleno de poder y energía!

Encienda las velas. Mientras enciendes cada una, recita:

Sol del solsticio de verano, ¡comparte tu poder conmigo!
Sol de solsticio de verano, ¡comparte tu energía conmigo!

Una vez estén encendidas todas las velas, dedica un minuto a contemplar su brillo. Siente su calor, como el calor del sol. Si lo deseas, puedes incluso cerrar los ojos e imaginar una gran hoguera rodeada de brujas bailando. Cuando estés listo, abre los ojos y recoge los trozos de cinta. Sostenlos a una distancia prudencial por encima de las llamas, con ambas manos en alto frente a ti, y recita:

¡A estas cintas invoco la energía de la llama!
¡A estas cintas invoco el poder del sol!

Ata una cinta alrededor de cada tobillo y de cada muñeca, y siente cómo esa energía y ese poder se mueven hacia tu interior. Si puedes, baila o muévete alrededor del caldero, absorbiendo esa energía todavía más. O bien, puedes simplemente colocarte delante de las velas y sentir cómo tu cuerpo vibra con la energía del solsticio.

Cuando hayas terminado, recita:

Os doy las gracias, llamas,
por todo lo que me habéis dado.
Vuestro fuego y vuestra luz
son un regalo que aprecio de verdad.
Te doy las gracias, sol del solsticio de verano,
por el poder y la energía que aportas a la tierra,
ahora compartida conmigo y apreciada de verdad.

Apaga las velas. Si lo deseas, puedes llevar puesta o encima una o todas las cintas cuando necesites un impulso de energía o sentirte poderoso.

Prosperidad con hierbas verdes y en crecimiento (Hechizo de la Tierra)

El solsticio de verano es el momento perfecto para realizar un trabajo de prosperidad aprovechando la energía de abundancia y crecimiento que nos rodea. Puedes elegir cualquier hierba o planta que te llame la atención, siempre que sean plantas que estén en su mejor momento. A mí me gusta utilizar hierbas de crecimiento rápido, como el tomillo, el perejil y la albahaca; si realmente quieres atraer su poder hacia ti, échalas en tu cena después de terminar con el trabajo mágico.

Necesitarás tres o cuatro tipos de hierbas o plantas verdes, una vela de pilar verde y un plato ignífugo sobre el que colocar la vela y las hierbas. También necesitarás pequeños cuencos con sal y agua, un bastoncillo de salvia o algo de incienso, un athame o pequeño objeto puntiagudo con el que dibujar sobre la vela (un palillo de dientes puede servir) y un cuenco o caldero vacío.

El mejor momento para hacer este hechizo es al mediodía, al aire libre bajo el sol brillante, pero hacerlo a otras horas del día o en el interior está bien si es necesario. Talla el símbolo rúnico de *Fehu* ᚠ en la vela. También puedes tallar una cruz de brazos iguales, una espiral, una rueda o cualquier otro símbolo del solsticio de verano que te guste. Coloca la vela en el centro del plato y pégala dejando gotear un poco de cera sobre este si es necesario. Coloca las hierbas de forma ordenada en los bordes del plato.

Enciende la vela y recita:

Invoco el poder del sol del solsticio de verano
para dar energía a mi trabajo mágico
con el elemento del fuego.

Espolvorea las hierbas con un poco de sal y recita:

Invoco al elemento de la tierra
para dar energía a mi trabajo mágico
y bendecir estas plantas que brotaron de su suelo fértil.

Espolvorea las hierbas con un poco de agua y recita:

Invoco el elemento del agua
para dar energía a mi trabajo mágico,
como las lluvias potencian lo que crece en los campos y prados.

Enciende la salvia o el incienso y difúndelo sobre las hierbas, diciendo:

Así como los vientos soplan el polen y fertilizan el mundo,
que soplen prosperidad y abundancia hacia mí.

Coge un poco de cada tipo de hierba y sostenlas en la mano. Siente su energía vibrar entre tus dedos y aplástalas ligeramente para que su aroma se eleve hacia el sol del verano. A continuación, pronuncia este conjuro:

Hierbas y plantas, luz y sol,
potenciados por el solsticio y su resplandor.
Verde a verde, oro tan brillante,
que la prosperidad fluya adelante.
Que así sea.

Coloca en el cuenco vacío las hierbas que tienes en las manos y déjalas en el altar, a la luz del sol, o bien utilízalas para cocinar (si son comestibles).

Como hay un hechizo para cada uno de los elementos, si de verdad quieres aprovechar al máximo la energía del solsticio de verano, puedes hacer un ritual a lo largo de todo el día, incorporando los cuatro hechizos en tu jornada. Empieza cuando salga el sol con el saludo al amanecer (hechizo de aire), haz el hechizo de agua curativa a media mañana o a media tarde, el hechizo de prosperidad con hierbas verdes y crecientes al mediodía, y termina el día al anochecer con la magia de las velas de fuego. Si estás haciendo una vigilia de amanecer a amanecer, el hechizo de fuego puede utilizarse para terminar el ritual al amanecer del segundo día.

Más hechizos de solsticio de verano

Aquí tienes otros hechizos para el solsticio de verano que puedes probar:

Hechizo de tormenta de verano de Thor

Hay una serie de dioses de la tormenta, el relámpago y la lluvia asociados al solsticio de verano en diversas culturas. Esto se debe probablemente, al menos en parte, al hecho de que la lluvia es tan importante para el éxito de las cosechas como el sol. Incluso hoy en día, con la ayuda de los sistemas de regado modernos, los agricultores están a merced del clima. Si hay muy poca lluvia, los cultivos no crecerán altos y fuertes. Si hay demasiada lluvia en el momento equivocado, todo lo que hay en los campos puede echarse a perder. No es de extrañar que las culturas anteriores rezaran a los dioses que controlaban el clima.

Una buena tormenta arrastrará la suciedad, limpiará el aire de polen y, en general, refrescará la tierra. Las tormentas lo suficientemente grandes pueden de hecho cambiar el paisaje. A la mayoría de nosotros nos vendría bien una buena limpieza y depuración de vez en cuando. Y, a veces, necesitamos crear una tormenta interna que nos ayude a atravesar una época de cambio. Si se da la casualidad de que está lloviendo en el solsticio de verano o alrededor de esta fecha, puedes probar este hechizo para invocar la ayuda de Thor.

Si llueve con suficiente suavidad, es bueno hacer este conjuro de pie en el exterior, aunque te mojes. Sin embargo, si hay truenos y relámpagos, es mejor hablar con Thor desde la seguridad del interior de tu casa o en un porche cubierto. Si no puedes estar en el exterior, intenta abrir una ventana para poder oír la lluvia y tal vez puedes asomar una mano por ella.

A Thor se le asociaba no solo con el trueno, sino también con la fuerza, el roble y la curación. Es ferozmente protector y conocido por su poderoso martillo mágico. De hecho, el jueves recibe su nombre en inglés, *Thursday*, por ser el día de Thor. Así que tal vez quieras hacer este hechizo un jueves si no puedes hacerlo en el solsticio de verano.

Necesitarás una ofrenda para Thor. El aguamiel o la cerveza son las habituales, pero puedes poner un plato con algún guiso sustancioso, un trozo de carne o incluso un poco de miel. También necesitarás un cuenco en el que recoger agua de lluvia (si no puedes llegar a la lluvia o no hay, utiliza cualquier agua que tengas) y una toalla con la que secarte. Si vas a estar fuera bajo la lluvia, puedes imprimir el conjuro y meterlo en una funda de plástico para que se mantenga lo suficientemente seco como para que se pueda leer.

Es un hechizo extremadamente sencillo. Se trata más de la conexión y de tus intenciones que de cualquier otra cosa. El hechizo debe decirse con sentimiento y con tanta concentración como puedas reunir.

Sal a la lluvia o colócate junto a la ventana para poder oír el agua caer. Coloca la ofrenda en el suelo delante de ti (o cerca, si estás en el interior). Coloca el cuenco vacío en el suelo para que se llene de agua. Levanta los brazos y recita:

Gran Thor, dios del trueno, ¡escúchame!
Gran Thor, protector y guerrero, ¡escúchame!

Gran Thor, que traes la lluvia curativa, ¡escúchame!
Deja que tu lluvia caiga sobre mí, limpiando y despejando.
Deja que tu poderoso trueno sacuda los cielos y la tierra,
trayendo un cambio positivo a mi vida.
Que la tormenta de verano me traiga nueva vida y nuevos
comienzos,
y me ayude a crecer fuerte y alto como el roble.
Thor, préstame tu poder y tu fuerza,
y bendíceme con las lluvias de esta tormenta de verano.

Recoge el cuenco, llévatelo al interior y utiliza la toalla para secarte. El cuenco de agua puede colocarse en tu altar o en algún otro lugar seguro, y ser utilizado en tus trabajos mágicos durante los próximos días y semanas, o siempre que sientas que necesitas un impulso. Si no puedes estar al aire libre, puedes sacar el cuenco por la ventana, o simplemente enviar la energía que has reunido a un recipiente con agua corriente. Si puedes, deja tu ofrenda fuera durante un rato.

Hechizo con cristales para el valor, la protección y la fuerza

A muchas de las piedras preciosas asociadas con el solsticio de verano se les atribuyen cualidades de protección, fuerza y coraje. Tres en particular (el cuarzo citrino, la cornalina y el ojo de tigre) son piedras poderosas que también son relativamente baratas y fáciles de encontrar. El cuarzo citrino suele presentarse en forma de cristal tallado, mientras que es más probable ver la cornalina y el ojo de tigre como piedras pulidas. Cualquiera de las dos formas funciona igual de bien para este hechizo, y puedes utilizar las tres o solo una, dependiendo de lo que tengas.

Si es posible, realiza este hechizo al aire libre, a la luz del sol, al mediodía del día del solsticio de verano. Funcionará bien también si los haces en otras circunstancias, por supuesto; este es, eso sí, el momento en el que será más poderoso, ya que el hechizo se basa en la fuerza del sol en su cenit.

Necesitarás las piedras preciosas de tu elección y un pequeño trozo cuadrado de tela amarilla, naranja o roja, de unos cinco por diez centímetros (puede ser más pequeño o más grande según el tamaño de las piedras), y un trozo de cinta o hilo para atar alrededor de la tela. También necesitarás una bellota o una hoja de roble, o bien un trozo de papel recortado en forma de hoja de roble para representar a este árbol sagrado. Si lo deseas, también puedes utilizar un trozo de papel con las palabras «coraje», «protección» y/o «fuerza» escritas, dependiendo de aquello para lo que necesites más ayuda. Si deseas poder colgarte la bolsa terminada del cuello, sustituye la cinta por un trozo de cordón de cuero o seda, o haz la cinta más larga.

Siéntate al aire libre al mediodía del solsticio de verano. Coloca todos los suministros en un plato o una bandeja frente a ti. Cierra los ojos un momento y siente la fuerza del sol en la cara. Coge las piedras o cristales que hayas escogido y sostenlos en la palma de la mano abierta para que el sol pueda brillar sobre ellos. Recita:

Fuerte sol del solsticio,
envíame tu fuerza y tu poder.
Ayúdame a brillar y a llenarme de valor.
Ayúdame a mantenerme fuerte y orgulloso.
Protégeme y ayúdame a protegerme.
Permíteme brillar como el sol y ser fuerte como el roble,
y deja que estas piedras absorban tu energía
para que me la presten cuando la necesite.
Que así sea.

Coloca las piedras junto a la representación del roble en el centro de la tela y ata la cinta o el cordón alrededor. Sostenla al sol una vez más y, después, tómate un momento para acercarla a tu corazón mientras te visualizas fuerte, valiente y protegido por una brillante luz amarilla.

Ahora puedes llevar la bolsa alrededor del cuello, si así lo deseas. También puedes llevar la piedra contigo o colocarla en tu altar o bajo la almohada.

Adivinación popular

Existen muchas formas de adivinación «popular» para el solsticio de verano asociadas a las tradiciones de diversas culturas. Probablemente, la más conocida es utilizar una margarita para una simple adivinación del amor, arrancando sus pétalos uno a uno y diciendo: «Me quiere, no me quiere, me quiere, no me quiere». Se supone que la verdad es la del último pétalo arrancado. ¿Cuántos hemos hecho eso de niños y tal vez incluso de adultos?

La adivinación del amor era probablemente la más común en el solsticio de verano. Las margaritas figuraban en otra práctica de adivinación, en la que una muchacha (casi siempre la hacían chicas o mujeres) iba a un campo donde crecían margaritas, cerraba los ojos y cogía un puñado de hierba y flores. El número de margaritas que arrancara indicaba cuántos años pasarían antes de que llegará el día de su boda.

Según una antigua superstición , si se cogen las flores de debajo de un roble en la víspera del solsticio de verano y se meten debajo de la almohada, se soñará con la persona con la que uno se casará. Una tradición galesa decía que, si lavabas tu ropa en un pozo a medianoche y cantabas «El que vaya a ser mi compañero, que venga a lavar conmigo», entonces tu amante vendría y te ayudaría con la colada (Franklin, 45). A mí me parece una forma razonable de elegir a una futura pareja. ¡Al menos sabes que limpia!

Adivinación moderna

Tarot

Para algo un poco más actual, puedes hacer esta tirada de tarot del solsticio de verano que he creado. Es bastante sencilla, así que no te preocupes si no eres un profesional de la lectura del tarot.

Baraja las cartas mientras piensas en tu pregunta o asunto. A continuación, dispón seis cartas en círculo con los extremos apuntando hacia fuera, de forma que la tirada parezca un sol. Las cartas deben colocarse todas a la vez, boca abajo, y luego hay que darles la vuelta una a una.

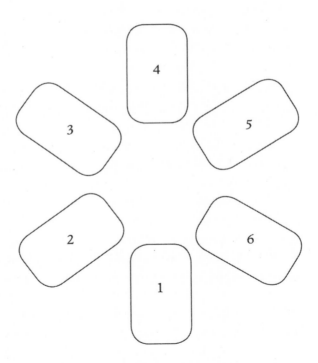

Tirada del sol del Tarot

La carta inferior te representa a ti, o a la persona a la que va dirigida la lectura. La siguiente carta a la izquierda representa la situación o la pregunta. Continuando a lo largo del círculo (en el sentido de las agujas del reloj, por supuesto), las cartas siguientes representan los obstáculos que se interponen en tu camino, las posibles soluciones a esos obstáculos, la orientación o las sugerencias para orientarte y, por último, la carta del futuro es la situada a la derecha de la carta con la que has empezado.

Puedes empezar rezando una pequeña oración para pedir ayuda y guía, y terminar dando las gracias. Resulta especialmente apropiado hacer esta lectura al aire libre a mediodía en el día del solsticio de verano, si es posible.

Lectura de las tres runas

Es muy fácil trabajar con las runas. Son muy populares entre algunas de las culturas germánicas y nórdicas que consideraban el solsticio de verano como una de las fiestas más importantes del año.

Para una adivinación fácil del solsticio de verano con piedras rúnicas, saca tres runas sin mirar. La primera que saques representará el año transcurrido (hasta ahora), la segunda, el día presente, y la tercera, lo que queda del año en curso. Puedes hacer una pregunta a las runas antes de sacarlas, como «¿Encontraré el amor este año?», o simplemente esperar a ver qué sale.

Adivinación de los sueños

Dos de las hierbas asociadas con el solsticio de verano, la artemisa y la lavanda, son también hierbas que se han utilizado durante siglos para fomentar los sueños proféticos. Puedes colocar un poco de cada una en una bolsita o saquito, y añadir un poco de manzanilla si lo deseas, para dormir bien. Si tienes una pregunta, puedes escribirla en un papelito e introducirlo en la bolsita junto con las hierbas o formularla en voz alta mientras te acuestas en la cama. Mete la bolsa bajo la almohada y tal vez sueñes con la respuesta.

Hechizos y encantamientos a base de plantas

Aquí tienes algunas sugerencias generales sobre las hierbas asociadas con el solsticio de verano y las formas en que podrías utilizarlas en tus hechizos, adivinación y otros modos de celebrar la festividad.

- *Artemisa*: Conocida tanto como hierba de Artemisa (o simplemente artemisa) o como planta de San Juan, se trata de una poderosa hierba mágica para aumentar la capacidad psíquica, los sueños lúcidos y la adivinación. Si vas a realizar trabajos de adivinación en el solsticio de verano, puedes quemar artemisa en la hoguera, utilizarla como incienso o hacer un lavado mágico para colocar sobre espejos, bolas de cristal u otras herramientas de adivinación. Se dice que una pequeña almohada o bolsita llena de artemisa y colocada junto a la almohada ayuda tanto a soñar como a la proyección astral.

- *Avellano*: Sagrado para el dios celta Lugh y para las hadas, el avellano se utiliza a menudo como vara adivinatoria para encontrar agua o tesoros. Las avellanas se comían tradicionalmente para aumentar la fertilidad.

- *Brezo*: Las abejas se sienten atraídas por las flores de este arbusto que crece bajo, lo que lo convierte en una de las plantas especiales del solsticio de verano. Se dice que, si se utilizan sus flores para hacer té, actúa como tónico general. El brezo es sagrado para la diosa Cibeles.

- *Caléndula*: La caléndula es una flor «solar», ya que sus brillantes pétalos amarillos y naranjas parecen pequeños soles, y uno de sus nombres populares es «novia del verano». Se dice que, si se recogen a mediodía, las caléndulas fortalecen y reconfortan el corazón. Las caléndulas pueden ensartarse en guirnaldas, y se utilizan a menudo en las bodas hindúes y para decorar los altares. Si vas a celebrar una unión de manos durante el solsticio de verano, puedes hacer una guirnalda de caléndulas. Medicinalmente, la caléndula se utiliza a menudo por vía tópica para tratar heridas y contusiones.

- *Canela*: Esta corteza picante se utiliza desde hace mucho tiempo para la magia amorosa, para aumentar la energía y para trabajar la prosperidad; todos ellos temas que entran en juego en el solsticio de verano. Pon una rama de canela en tu altar en honor de los dioses y diosas del amor, o utiliza canela en los pasteles y para los rituales. La canela también se puede emplear en forma de incienso. También puedes arrojar al fuego un pequeño puñado de canela en polvo.

- *Dedalera*: La dedalera es una de las hierbas de las que se dice que atraen a las hadas. Antiguamente se la llamaba «campanillas de bruja», quizá por su uso común en la magia. En Inglaterra, las flores se ponían a veces alrededor de los pozos sagrados. Sin embargo, la dedalera es venenosa y solo debe cultivarse con fines decorativos.

- *Hierba de San Juan*: Es una de las hierbas especialmente asociadas al solsticio de verano, ya que se considera la mejor época para recolectarla. Tiene flores doradas que representan el sol y el fuego. Se dice que sangra de color rojo cuando se corta, y su savia se conoce como sangre de San Juan. Tradicionalmente se utilizaba para curar y para desterrar la oscuridad y la negatividad. Los irlandeses la llamaban *beathnua* (renovadora de la vida) y la consideraban muy protectora. Curiosamente, los herboristas modernos suelen utilizar la hierba de San Juan para tratar la depresión. Recógela al mediodía del día del solsticio para obtener un poder curativo extra, o échala al fuego (dentro o fuera de la casa) para proteger el hogar.

- *Lavanda*: Es tradicional arrojar un puñado de flores de lavanda a la hoguera del solsticio de verano, en honor de los dioses y diosas (especialmente de las diosas del amor), y por la paz en el año venidero. La lavanda es una hierba utilizada a menudo tanto con fines medicinales como mágicamente para la paz, la curación y el sueño. Se puede quemar incienso de lavanda para atraer a las hadas o para purificar el círculo ritual. La lavanda también se utiliza para la magia amorosa.

- *Manzanilla*: Una hierba curativa que era sagrada para varios dioses del sol, entre ellos Ra (egipcio), Cernunnos (celta) y Balder (nórdico). Haz una ofrenda de té de manzanilla o echa algunas de las pequeñas flores blancas en la hoguera del solsticio de verano. La manzanilla es famosa por sus propiedades calmantes, así que, si tienes problemas de ansiedad o estrés, puedes recoger manzanilla en el solsticio de verano y secarla para utilizarla más tarde.

- *Margarita*: Asociada al solsticio de verano por su parecido con el sol, con rayos blancos que salen del centro amarillo, la margarita es sagrada para muchos dioses del sol. Representa tanto el amor como la inocencia. Se dice que las margaritas recogidas entre el mediodía y la una de la tarde del solsticio de verano (cuando el sol está alto) tienen cualidades especialmente mágicas.

- *Milenrama*: Otra de las hierbas asociadas específicamente con el solsticio de verano, la milenrama puede arrojarse a la hoguera como ofrenda a los dioses o utilizarse para la magia del amor, la curación o la protección.

- *Muérdago*: Uno de los nombres populares del muérdago es «escoba de bruja». Era sagrado para los druidas, que lo cortaban en el solsticio de verano. La tradición dice que, si vas a cortarlo, tienes que procurar que no toque el suelo, y utilizar un solo golpe de cuchillo para hacerlo. Se supone que el muérdago que crece en un roble es el más poderoso. La leyenda también dice que, si besas a tu ser amado bajo el muérdago, vuestro amor durará para siempre.

- *Roble*: El árbol más sagrado de los druidas, apreciado también en otras culturas, como la de los griegos, que tenían robledales místicos. A menudo se asocia con los dioses del trueno, en parte porque se supone que los robles tienen más probabilidades de ser alcanzados por un rayo que cualquier otro árbol. Viven cientos (tal vez miles) de años, con raíces fuertes y profundas y ramas que llegan hasta el cielo. Era tradicional utilizar madera de roble en las hogueras de mediados de verano. En el antiguo alfabeto secreto Ogham desarrollado por los druidas, el roble se llamaba *duir* y representaba el poder, la fuerza, el solsticio de verano y las puertas. Para un ritual del solsticio de verano, puedes utilizar roble en forma de madera, hojas o bellotas.

- *Romero*: Se dice que las hadas son aficionadas a esta hierba, por lo que puedes utilizarla si estás intentando atraer al pueblo feérico. Tradicionalmente se utiliza en bodas y uniones de manos, y también en la magia amorosa. Es una hierba poderosamente protectora, y también puede arrojarse a la hoguera, utilizarse en incienso o esparcirse alrededor de un círculo sagrado. Prueba a hornear pan o pasteles con romero para servirlos en el banquete.

- *Rosa*: Sagradas para muchas diosas del amor y utilizadas también como símbolo del sol, las rosas pueden colocarse en el altar o utilizarse en amuletos del solsticio para el amor. Esparce los pétalos por los bordes de tu círculo para cerrarlo, sobre todo si estás haciendo un ritual de unión de manos. Se puede preparar un té de escaramujo y utilizarlo para los pasteles y el *ale*, o dejarlo para las hadas. También puede beberse a sorbos antes de acostarse si se quiere soñar con el amor.

- *Saúco*: El saúco es sagrado para muchas diosas. Las flores de saúco y las bayas de saúco se utilizan para hacer té y mermelada y para aromatizar el hidromiel. Las bayas se utilizan con fines medicinales por sus propiedades inmunoestimulantes. A los pájaros les encantan las bayas, así que, si tienes espacio para plantar uno o dos arbustos de saúco, planea compartirlos. Coloca algunas bayas o flores para atraer a las hadas.

- *Serbal*: Es tradicional hacer un amuleto de protección con madera de serbal atado con un hilo rojo; cuélgalo si te preocupan los visitantes indeseados durante el solsticio de verano. El serbal también puede utilizarse para ayudar a atraer espíritus o guías espirituales. El serbal puede ser un árbol o un arbusto, y uno de sus nombres populares es «madera de bruja», debido a su uso común en las varas de adivinación. Durante mucho tiempo se ha asociado con las brujería, y, a menudo, se encuentra plantado cerca de los círculos de piedra.

- *Ulmaria*. La ulmaria es una de las hierbas más sagradas de los druidas, también conocida como «reina de los prados» y «dama de los prados», y a veces llamada «hierba de los novios» por su uso en las bodas. La ulmaria es sagrada para muchas diosas, entre ellas Aine (celta) y Venus (romana).

- *Verbena*: La verbena, una de las hierbas mágicas especiales del solsticio de verano, se asocia desde hace mucho tiempo con las brujas. Algunos de sus nombres populares incluyen «planta del encantador», «lágrimas de Juno» y «alegría del simplificador» (un simplificador es alguien que hace «simples», es decir, remedios a base de hierbas). Según la tradición, lo mejor es recoger el suministro anual de verbena en el solsticio de verano, y cualquier resto que quede del año anterior debe arrojarse a la hoguera. Es sagrada para varias diosas del amor, diosas de la luna y dioses del trueno, y se utiliza tanto para la magia amorosa como para proteger el hogar de los rayos.

Una nota sobre las hierbas: algunas personas son sensibles a diversas plantas, incluidas las hierbas. Todas las hierbas deben utilizarse con precaución hasta que tengas la seguridad de que no tienes problemas con ellas. Que algo sea natural no significa que no pueda hacerte daño.

RECETAS
Y
ARTESANÍA

...n beginnings, birth, renewal, rejuvenation, balance, fertility, change...
...strength, vernal equinox, sun enters Aries, Libra in the Sou...
...Green Man, Amalthea, Aphrodite, Blodeuwedd, Eostre, Eo...
...a, Flora, Freya, Gaia, Guinevere, Persephone, Libera, A...
...Renpet, Umaj, Vila, Aengus MacOg, Cernunnos, Herne, The...
...Kama, Mabon Osiris, Pan, Thor, abundance, growth, health, em...
...al healing, patience understanding virtue, spring, honor, contentm...
...chic abilities, spiritual truth, intuition, receptivity, love, inner se...
...provement, spiritual awareness, purification, childhood, innocence...
...lity, creativity, communication, concentration, divination, harmo...
...abilities, prosperity, attraction, blessings, happiness, luck, money...
...ty, guidance, visions, insight, family, wishes, celebrating life cyc...
...riendship, courage, attracts love, honesty, good health, emotions...
...e, improvement, influence, motivation, peace, rebirth, self preserva...
...eminine power, freedom, optimism, new beginnings, vernal equinox...
...recreation, sun, apple blossom, columbine, crocus, daffodil, daisy...
...aisy, honeysuckle, jasmine, jonquil, lilac, narcissus, orange blossom...
...mrose, rose, the fool, the magician, the priestess, justice, the sta...
...ts, gathering, growth, abundance, eggs, seeds, honey, dill, aspara...

Cada festividad tiene sus propios temas, colores y energía que se utilizan no solo para los hechizos y rituales, sino también a la hora de elegir recetas para servir en nuestras comidas o banquetes para el sabbat, de idear manualidades y de inspirarnos al decorar nuestras casas y altares.

No hace falta celebrar este día con un grupo numeroso, ni siquiera salir del armario de las escobas, para hacer uso de algunas de estas ideas. Esto es especialmente cierto en el solsticio de verano, cuando muchas de las posibilidades de decoración o manualidades pueden considerarse simplemente como una forma de entrar en el ritmo del verano.

Recetas de verano

Puede ser divertido organizar un pícnic o una barbacoa del solsticio de verano e invitar a familiares y amigos a disfrutarlo junto a ti. Al fin y al cabo, el solsticio de verano consiste en celebrar la estación más cálida del año, así que, si eres una bruja solitaria, puedes tener lo mejor de ambos mundos compartiendo la celebración con los demás y luego honrando el día con un ritual privado propio cuando todos los demás se vayan a sus casas.

Si tienes la suerte de contar con algunas personas paganas afines con las que celebrar el Litha, puedes realizar un ritual en grupo seguido de un glorioso banquete por el solsticio de verano. Invita a todos a traer sus platos favoritos de temática veraniega, creados a partir de las frutas y verduras frescas tan fáciles de obtener en esta época del año, junto con algo de pan para representar el trigo de los campos. Si tienes mucha suerte, puede que alguien traiga hidromiel casero o vino de fresa.

Si festejas con otras personas, ten en cuenta las alergias alimentarias y los problemas con el alcohol. Si quieres hacer una comida compartida a lo grande, pide a cada persona que elabore una tarjeta con los ingredientes de su plato que pueda colocarse cerca de él. De este modo, cualquier persona con sensibilidad alimentaria sabrá exactamente qué puede comer y qué debe evitar.

Ensalada de abundancia veraniega

Las ensaladas no tienen por qué ser aburridas, y no hay nada mejor que las verduras frescas, los tomates maduros y otros ingredientes típicos de las ensaladas cuando están recién salidos del huerto, aún calientes por el sol del verano. Si no tienes un huerto, intenta conseguir todos los ingredientes de tu ensalada que te sea posible en un mercado agrícola local. Lo orgánico siempre es mejor si puedes encontrarlo y permitírtelo. Esta ensalada tiene la ventaja añadida de utilizar muchos ingredientes que son buenos para la abundancia y la prosperidad, así que, si lo deseas, puedes hacer que esta ensalada sea mágica centrándote en esos temas del solsticio de verano mientras la preparas.

Ingredientes:
- lechuga y otras verduras, cortadas en trozos del tamaño de un bocado;
- hierbas frescas; algunas de las mejores en esta época del año son la albahaca, el perejil, la menta, el eneldo y el cebollino;
- fruta fresca: fresas, semillas de granada, melocotones o melón;

- pipas de girasol;
- vinagreta hecha con aceite de oliva y vinagre balsámico, u otros aliños para ensaladas;
- queso parmesano rallado (opcional).

Reúne la lechuga y otras verduras como espinacas, col rizada y un poco de rúcula u hojas de mostaza para darle un toque extra. Espolvorea hierbas frescas de entre las opciones que tienes arriba. Recuerda que la menta es fuerte y debe utilizarse con moderación. Añade fruta a la ensalada, que aporte un toque de dulzor que contrasta muy bien con el ligero amargor de algunas de las verduras y hierbas. Procura utilizar frutas de temporada y disponibles localmente. A continuación, espolvorea pipas de girasol por encima de la ensalada para añadir nutrientes de interés, así como la representación perfecta del sol. Por último, rocía con vinagreta o aliño para ensaladas por encima. Si lo deseas, añade queso parmesano para terminar la ensalada.

Ensalada de celebración con cuscús

Los platos fríos son maravillosamente refrescantes en un caluroso día de verano. Este es extremadamente sencillo y fácil de preparar, y es apto para vegetarianos y jóvenes cocineros. El cuscús es una pequeña pasta de Oriente Medio que se cuece en cinco minutos. Una vez que se enfría, se puede aplastar con un tenedor para convertirla en una divertida base para las verduras y hierbas frescas. Se puede sustituir por otros tipos de pasta, sobre todo si puedes encontrarla con formas divertidas y veraniegas.

Ingredientes:
- 1 o 2 tazas de cuscús seco;
- 1 o 2 tazas de agua;
- 1 o 2 tomates grandes, picados en trozos pequeños pequeños, o entre 220 y 450 gramos de tomates uva;

- 2 pepinos pequeños, cortados en trozos pequeños;
- un pequeño manojo de menta fresca, desmenuzada o cortada en trozos pequeños;
- un cuarto de taza de aceite de oliva;
- sal y pimienta al gusto;
- zumo de limón al gusto.

Cuece el cuscús siguiendo las instrucciones del envase. Prepara de 1 a 2 tazas de cuscús seco en función del número de personas que vayan a comer. Cuando el cuscús se haya enfriado, mézclalo con los tomates, los pepinos, la menta y el aceite de oliva y deja reposar la mezcla durante al menos media hora para que se integren bien los sabores. Si lo deseas, añade sal, pimienta y zumo de limón antes de servir.

Salsa del solsticio de verano

La salsa es extremadamente fácil de hacer, y puedes variar los ingredientes para adaptarla a tus gustos. Es tan sencilla que tal vez quieras hacer una suave y otra picante para reflejar el calor del sol de verano. Cuanto más frescos estén los tomates, mejor sabrá la salsa.

Ingredientes:
- de 4 a 6 tomates grandes (para una salsa realmente colorida, utiliza algunos tomates rojos y otros amarillos y/o naranjas);
- 1 cebolla dulce o una cebolla roja pequeña, finamente picada;
- 1 pepino pequeño, finamente picado (opcional);
- 1 o 2 dientes de ajo machacados y picados finamente;
- 1 chile picante pequeño;
- 1 o 2 cucharadas soperas de perejil o cilantro picados (el cilantro es lo tradicional, pero a alrededor del 50 % de la

población le parece que tiene un sabor amargo o jabonoso, así que si no tienes del todo claro que le guste a todo el mundo, puedes utilizar perejil);
- sal y pimienta al gusto;
- un chorrito de limón para dar brillo;
- melocotones (opcional);
- nachos o pan plano casero.

Pica los tomates en trozos pequeños. Mezcla la cebolla picada, el pepino y el ajo. Añade el pimiento picado. Utiliza solo una pequeña cantidad de un chile suave para una salsa suave, o un chile más picante para algo realmente picante. Las semillas contienen gran parte del picante, así que déjalas fuera si no quieres que la salsa esté demasiado fuerte. Añade el perejil o el cilantro, la sal, la pimienta y el limón. Si lo deseas, añade algunos melocotones troceados para darle un toque dulce. Deja reposar la salsa durante al menos una hora. Sírvela con nachos resistentes o pan plano casero.

Pan de ale para los dioses

La cerveza tipo *ale* se utiliza a menudo como ofrenda para algunos de los dioses que se celebran en el solsticio de verano. Compartir el pan en compañía también es una tradición en muchas culturas. Este es un pan rápido y fácil hecho con cerveza tipo *ale* y solo unos pocos ingredientes más. Se puede comer con la comida, o pasarlo alrededor del círculo y que cada uno coja un trozo mientras se degustan los pasteles y el *ale*.

Ingredientes:
- 3 tazas de harina;
- 3 cucharaditas de levadura en polvo;
- 1 cucharadita y media de sal;
- 2 cucharadas soperas de azúcar;

- 1 botella de cerveza tipo *ale* de 350 ml;
- media taza de mantequilla derretida;
- eneldo seco (opcional).

Precalienta el horno a 180 ºC. Mezcla todos los ingredientes secos y añade poco a poco la cerveza, removiendo en el sentido de las agujas del reloj. Pon la masa en tres moldes para pan de 15 x 7,5 cm o en dos más grandes. Rocía la mantequilla por encima de la hogaza y espolvorea eneldo si lo deseas. Hornea durante 50 minutos o hasta que un palillo salga seco al clavarlo en el pan (adaptado de Wood y Seefeldt).

Sopa de frutas n.º 1: locura de melón

Rara vez pensamos en hacer sopa de fruta, pero no hay nada que celebre mejor el verano que una sopa de fruta fría. Como ventaja añadida, ¡no hay que cocinar cuando hace calor!

Ingredientes:
- 1 mango, pelado y cortado en rodajas;
- 1 melón pequeño (de cualquier tipo, pero que no sea sandía) sin semillas y cortado en trozos pequeños;
- zumo de 1 naranja (aproximadamente un cuarto de taza);
- entre media cucharadita y 2 cucharaditas de azúcar o miel;
- frambuesas frescas; aproximadamente una taza;
- 2 cucharadas de Gran Marnier o cualquier licor con sabor a frambuesa, como Chambord (opcional);
- flores comestibles para decorar la parte superior de la sopa (opcional).

Haz un puré con el mango, el melón y el zumo de naranja en una licuadora hasta que quede suave. Puede que tengas que hacerlo en varias tandas. Pruébalo y endúlzalo ligeramente con azúcar o miel si es necesario. La sopa no debe quedar demasiado dulce.

Enjuaga la licuadora y luego prepara un puré con las frambuesas y una pequeña cantidad de azúcar o miel. Empieza con media cucharadita y añade más hasta que alcance el dulzor deseado. Si lo deseas, añada licor y licua. Coloca la mezcla de melón y frambuesas en cuencos separados y enfría durante al menos dos horas. Sirve en un cuenco grande o en pequeños cuencos individuales colocando la sopa de melón y, a continuación, espolvorea suavemente la mezcla de frambuesa por encima. Espolvorea con flores comestibles si las utilizas (adaptado de Wood y Seefeldt).

Sopa de frutas n.º 2: júbilo de cerezas

Esta sopa se elabora con cerezas, así que si resulta que están maduras cuando celebres el solsticio de verano, ¡estás de suerte! El color vibrante y el sabor dulce de esta sopa parecen capturar la esencia del verano en un cuenco.

Ingredientes:
- 1 kilo de cerezas dulces deshuesadas;
- un cuarto de taza de miel o jarabe de arce;
- 4 tazas de agua;
- 1 limón pequeño exprimido, con la piel rallada y reservada;
- nata montada o nata agria.

Mezcla las cerezas y el edulcorante en una olla con agua, llévalos a ebullición y cuécelos a fuego lento durante 20 minutos. Deja enfriar y, a continuación, mézclalos con el zumo de limón en una batidora o robot de cocina hasta obtener una mezcla homogénea. Vierte la mezcla en un cuenco principal o en cuencos individuales para servir. Si lo deseas, puedes añadir unas cuantas cerezas más, bien picadas, o un poco de la ralladura de limón. Ofrece nata montada o nata agria para que la gente la eche por encima si lo desea (adaptado de Johnson).

Remolachas de abundancia al horno con naranja

Las hortalizas de raíz pasan su tiempo de crecimiento bajo tierra, absorbiendo la nutrición del suelo y la energía del sol a través de las hojas que están al aire. Las hojas verdes de las remolachas son comestibles, sobre todo cuando son jóvenes, así que si compras remolachas frescas con las hojas verdes aún adheridas, no las tires, ¡cómetelas! Las remolachas son el alimento perfecto para un festín del solsticio de verano: tienen toda esa energía de la tierra almacenada en su interior y su hermoso color es perfecto para un festín compartido con los amigos.

Ingredientes:
- 12 remolachas medianas (menos cantidad si las remolachas son grandes). También puedes utilizar remolachas naranjas en lugar de rojas, para aportar un color más soleado al plato);
- 2 naranjas;
- sal y pimienta al gusto;
- romero fresco;
- rodajas de naranja para adornar (opcional).

Precaliente el horno a 180 ºC. Limpia las remolachas y pélalas (si las remolachas son ecológicas y tienen una piel relativamente fina, puedes saltarte el pelado). Córtalas en rodajas. Ralla la cáscara de una de las naranjas y, a continuación, exprime el zumo de ambas. Coloca las rodajas de remolacha superpuestas en una fuente o bandeja apta para el horno, vierte el zumo de naranja por encima y, a continuación, espolvorea con ralladura, sal y pimienta. También puedes picar un poco de romero y espolvorearlo por encima, o colocar las ramitas enteras por encima. Ásalas en el horno durante una hora aproximadamente o hasta que estén tiernas. Para servir, decora con rodajas de naranja si lo deseas.

Pierna de cordero con aliño de hierbas

Nuestros antepasados casi siempre celebraban el solsticio de verano con algún tipo de carne, a menudo asando bueyes enteros, cabras u otros animales, dependiendo del tamaño de la multitud a la que servían. Esto puede parecer cruel para algunas personas de hoy en día, pero para los que vivían de la tierra la muerte era simplemente una parte del ciclo de la vida. Los animales se ofrecían a menudo como sacrificio a los dioses en agradecimiento por la abundancia de la estación, y luego se utilizaba cada parte del animal, desde el asado en el espetón hasta los huesos, que podían tallarse para hacer herramientas o adornos, o usarse para hacer sopa una vez terminado el festín. Si vas a servir carne de algún tipo en tu comida del solsticio de verano (ya sea un asado entero o bocadillos de jamón), ofrece un trozo a los dioses y cómelo con gratitud y aprecio por el animal que entregó su vida para que tú puedas alimentarte.

Nota: Este aliño de hierbas es adecuado para cualquier carne de sabor fuerte; si no quieres hacer cordero, servirá igual de bien con ternera o cerdo. La cantidad de ajo puede parecer exagerada, pero como el asado se cocina a fuego lento, el ajo se tuesta hasta que adquiere un sabor como de nuez y dulce. Las hierbas frescas son maravillosas en esta época del año, pero puedes utilizarlas secas si es lo único que tienes.

Ingredientes:
- la carne para el asado, de tamaño grande o mediano;
- 1 cucharada sopera de orégano seco (utiliza el doble si es fresco);
- 1 cucharada sopera de romero seco o 1 ramita grande de romero fresco;
- 1 cucharada sopera de tomillo seco (si puedes encontrar tomillo limonero, queda especialmente bien) o 2 cucharadas si es fresco;

- 2 cucharadas soperas de sal marina (la sal *kosher* gruesa va bien);
- pimienta molida al gusto;
- 12 dientes de ajo, pelados, machacados y finamente picados (si estás haciendo el aliño en una procesadora de alimentos, puedes simplemente cortar en un par de trozos y la máquina hará el resto);
- un cuarto de taza de aceite de oliva.

Prepara la carne y colócala sobre una rejilla para asar si dispones de una. También puedes hacerlo en un asador si puedes mantener la temperatura lo suficientemente baja. Mezcla las hierbas, el ajo, la sal y la pimienta en una batidora o procesadora de alimentos. Tritura hasta obtener una pasta razonablemente fina y, a continuación, úntala sobre la superficie del asado.

La pierna de cordero, cuécela en el horno a 160 ºC, dejándola unos 35 o 40 minutos por cada medio kilo (puede tardar más si utilizas una pierna con hueso). La carne debe indicar 60 ºC en un termómetro si la quieres poco hecha, y 70 ºC para un término medio. El recubrimiento habrá formado una costra estupenda y aromática. Deja reposar la carne al menos entre 10 y 15 minutos antes de cortarla.

Galletas de mantequilla al romero

Son un buen dulce para la hora de los pasteles y el *ale*, o un postre ligero al final de un pícnic de verano. El romero es bueno para el recuerdo, así que cómete estas galletas en una ocasión que te gustaría retener en el corazón y en la mente para siempre, ¡como una unión de manos o una boda!

Ingredientes:
- 1 taza de mantequilla;
- 1 taza de azúcar;

- 3 tazas de harina (reserva media taza);
- 3 o 4 cucharadas soperas de romero finamente picado (utiliza menos cantidad si el romero es fresco en lugar de seco).

Precalienta el horno a 135 °C. Mezcla la mantequilla con el azúcar. Añade dos tazas y media de harina y el romero. Mezcla todo bien. Enharina la superficie de trabajo con la harina reservada y vuelca la masa sobre la superficie. Amasa hasta que la masa comience a resquebrajarse, y después extiéndela con un rodillo hasta que tenga un grosor de medio centímetro. Puedes cortar la masa en rectángulos o recortar formas curiosas como soles. Hornéalas en bandejas para galletas hasta que estén ligeramente doradas, unos 50 minutos.

Pastel de tomate y chocolate

Nadie adivinará el ingrediente secreto de este pastel, pero la adición de tomates verdes (muy frecuentes en esta época del año) le dará un toque veraniego. La receta también contiene otros ingredientes propios del solsticio de verano, como la canela y la piel de naranja.

Ingredientes:
- 2 tazas y media de harina;
- media taza de cacao en polvo;
- 2 cucharaditas y media de levadura en polvo;
- 2 cucharaditas de bicarbonato sódico;
- 1 cucharadita de sal;
- 1 cucharadita de canela;
- 3 cuartos de taza de mantequilla;
- 2 tazas de azúcar;
- 3 huevos;
- 2 cucharaditas de vainilla,

- 2 cucharaditas de piel de naranja rallada (más para adornar, si así lo deseas);
- 2 tazas de tomates verdes, rallados en trozos gruesos;
- 1 taza de nueces, finamente picadas;
- media taza de leche;
- azúcar en polvo o glaseado de su elección.

Precalienta el horno a 180 °C. Combina los ingredientes secos y resérvalos. Bate la mantequilla y el azúcar, y después añade los huevos de uno en uno, batiendo bien. Incorpora la vainilla, la piel de naranja y los tomates y mezcla con una cuchara de madera. Añade las nueces y, a continuación, incorpora la mezcla seca a la húmeda, alternando con la leche. Cuando esté bien mezclada, hornéala en un molde engrasado durante una hora aproximadamente. Deja enfriar en el molde durante 15 minutos y, a continuación, dale la vuelta sobre un plato para servir.

Para servir, espolvorea azúcar glas y cáscara de naranja por encima, o cubre el pastel con el glaseado que hayas elegido.

Sangría para el solsticio

Hay todo tipo de bebidas que se pueden servir en un pícnic o una fiesta al aire libre, pero pocas son tan veraniegas como la sangría. La sangría es una delicia típica de España y Portugal elaborada con vino, fruta y algún tipo de edulcorante, y a veces también con un poco de *brandy* añadido. Las versiones americanizadas a veces sustituyen el *brandy* por algún tipo de refresco burbujeante, como *ginger ale*, el Sprite o el 7UP (personalmente, te sugiero que lo reserves para la versión sin alcohol para niños). Puedes experimentar con los ingredientes hasta que encuentres una combinación que te guste. Me gusta pensar que la sangría es la libación perfecta para ofrecer a los dioses en el día del solsticio de verano, por su combinación de vino y fruta. Si vas a comer al aire libre, puedes poner también una pequeña cantidad en un cuenco para las hadas. Esto es justo lo que les gusta.

Ingredientes:

- 1 botella de vino tinto (un buen vino de mesa medio es el mejor para esto; nada demasiado dulce ni demasiado seco);
- 1 naranja en rodajas;
- 1 limón en rodajas;
- media taza de fresas cortadas en rodajas;
- miel al gusto (pero que no quede demasiado dulce);
- congela algo de fruta en bandejas de hielo con antelación (fruta troceada o bayas en una pequeña cantidad de agua, y/o piel de limón o naranja) (opcional);
- zumo de uva, para una versión infantil sin alcohol (también es apropiado para los invitados que eviten el alcohol, o para las personas que tengan que conducir después).

Si es posible, utiliza para esto una jarra transparente, de modo que la gente pueda ver lo bonito que es. Vierte el vino en el recipiente, añade la fruta troceada y agrega miel al gusto. Si utilizas cubitos de hielo afrutados, añádelos justo antes de poner la sangría en la mesa. Se puede hacer una versión sin alcohol con zumo de uva en lugar de vino. Asegúrate de utilizar zumo de un morado brillante, no zumo de uva blanca, que no tiene los mismos tonos como de piedra preciosa.

Artesanía para el verano

Tanto si celebras el solsticio de verano en soledad, o bien con amigos o con tu familia, las manualidades son una forma de añadir un elemento de diversión a la festividad al mismo tiempo que te centras en los temas y tradiciones que acompañan a la estación. Muchas culturas realizaban manualidades y actividades particulares asociadas con el solsticio de verano, y estas son unas cuantas versiones fáciles y actualizadas para entrar en el ambiente del solsticio.

Coronas de luz solar

Las coronas de flores eran tradicionales en diversas culturas, y solían elaborarlas las mujeres. Podían ponerse sobre la cabeza, o las lanzaban a lagos, arroyos u océanos. En algunos lugares, las mujeres hacían coronas y luego veían salir el sol mientras miraban a través de ellas. En alguna ocasión, los hombres también llevaban coronas hechas con hojas de roble.

Puedes hacer una corona para ponértela, para colgarla como decoración o para echarla al agua, si por casualidad tienes algún curso de agua apropiado cerca. El uso que vayas a dar a tu producto acabado puede influir en la elección de la base de la corona, pero todo lo demás seguirá igual. Recuerda que, si vas a lanzar la corona al agua (a menos que sea en tu propia piscina), todas sus partes deben ser rápidamente biodegradables. Necesitarás los siguientes materiales:

- Base de la corona: puede ser vid (más fina si la vas a llevar puesta, más gruesa para decorar) o alambre de floristería (es un alambre recubierto que va muy bien para hacer una forma de diadema), o cualquier rama natural de vid o un árbol flexible (como el sauce). Si se te da realmente bien entretejer tallos de flores, hasta puedes prescindir por completo de la base. Por lo general, suele ser fácil encontrar bases para coronas en la sección de manualidades de las tiendas. Tan solo asegúrate de que utilizas materiales naturales (nada de espuma de poliestireno, por ejemplo);
- Flores: puedes utilizar todas de un mismo tipo, o de varios tipos y de colores diferentes. Aquí nos centraremos en las flores que representan los rayos del sol, como las margaritas, las caléndulas, los girasoles, los claveles y similares. También puedes utilizar rosas, camomila, hierba de San Juan e incluso helechos para darle un toque. Para un aspecto

verdaderamente salvaje, añade diente de león. Prueba con colores amarillos, naranjas y rojos brillantes;
- Cintas: puedes utilizar el grosor que desees; lo mejor es que sean cintas más finas para llevarlas puestas y otras más gruesas para las coronas decorativas. De nuevo, puedes elegir un solo color, pero quedará más elegante con varios tonos diferentes. Intenta conseguir una cinta que vaya con los colores de las flores, aunque también puedes añadir blanco, dorado o cualquier otro color que dé un toque veraniego. La longitud de la cinta dependerá del uso que le vayas a dar y del tamaño que vaya a tener la corona, pero probablemente necesitarás uno o dos metros de cada color, tal vez algo más;
- Tijeras;
- Pegamento o cinta adhesiva (opcional).

Las coronas de flores son bastante sencillas de hacer, aunque puede que hayas de empezar con un poco de ensayo y error para que la tuya quede perfecta. Enrolla la vid o el alambre en un círculo que te quepa cómodamente en la cabeza (si la vas a llevar puesta), o más o menos del tamaño que desees si quieres que sea una pieza decorativa, teniendo en cuenta que parecerá más grande una vez que hayas añadido las flores. Enrolla el material sobre sí mismo para que se mantenga en su sitio, o sujétalo con cinta o pegamento. Introduce las flores de una en una, enrollando los tallos hacia dentro y hacia fuera para mantenerlas en su sitio. Si lo deseas, enrolla también las cintas hacia dentro y hacia fuera alrededor del círculo de la corona. Intenta que la pieza acabada tenga un aspecto equilibrado (alternando los colores, por ejemplo) y ordenado, ¡pero no te preocupes demasiado por la perfección! Si es necesario, puedes utilizar un poco de pegamento aquí y allá para mantener las cosas en su sitio. Si lo deseas, puedes colgar varias cintas de la parte posterior (si te la vas a poner en la cabeza) o inferior (si es para colgarla).

Otra opción es que, si tus flores tienen tallos lo suficientemente largos, puedes simplemente enrollarlos, atarlos o trenzarlos. Esto es especialmente bonito si vas a lanzar la corona al agua.

Barcos vikingos

En algunas culturas, el solsticio de verano se celebra haciendo pequeños barcos, llenándolos de ofrendas y colocándolos en lagos, arroyos o en el océano. Si quieres tirar la casa por la ventana, puedes meterte en internet y encontrarás instrucciones bastante fáciles para hacer barcos vikingos de origami. Pero también hay una forma de hacer un barquito tipo balsa que es lo suficientemente sencilla como para hacerla incluso con el niño más pequeño. Si no tienes una masa de agua cerca, puedes hacerlos flotar en una piscina o en un recipiente grande. Necesitarás:

- 9 palitos de polo de madera (puedes encontrarlos en la sección de manualidades de muchas tiendas);
- 1 palo alto, de entre 20 y 30 centímetros de largo (un pincho de madera para barbacoa puede servir, o también puedes utilizar un palo fino y ligero);
- un trozo de papel de colores (de cualquier tipo) para utilizarlo como vela;
- un pequeño trozo de corcho (corta la parte inferior de un corcho de vino, o busca un salvamanteles de corcho y corta un trozo si es demasiado grande);
- cola blanca;
- flores ligeras o pétalos de flores;
- rotuladores o bolígrafos (opcional).

La idea es hacer un barco sencillo en el que colocarás tus ofrendas para que este pueda «navegar» hacia la puesta de sol (o el amanecer, si lo prefieres). Para los niños, probablemente baste con hacer el barco. Para los adultos, puedes añadir el toque mágico de escribir tus deseos para la temporada en los palitos de polo: prosperidad, curación, amor, etc. Si haces esto, escribe las palabras antes de empezar a montar el barco.

Coge seis de los palitos y colócalos uno junto a otro, de modo que parezcan una pequeña balsa. Pegue los tres palitos restantes en los dos extremos y en el centro de la balsa, para mantenerlos todos juntos.

Una vez que se hayan secado, dale la vuelta a la balsa para que los palos de apoyo queden en la parte inferior. Pega el trozo de corcho en el centro de la embarcación.

Corta un trozo del papel en forma de triángulo (la vela) y pégalo al borde superior del palo. A continuación, introduce la parte inferior del palo en el corcho o la arcilla, utilizando pegamento si es necesario para mantenerlo firme.

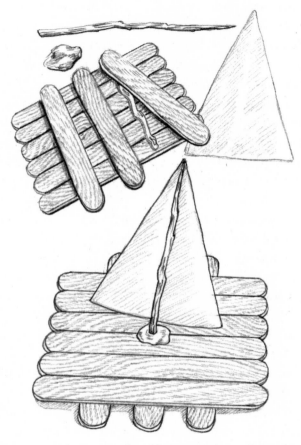

El barco ya está terminado. Ahora puedes colocar los pétalos de flores encima de él y ponerlo en el agua, para enviarlo hacia el amanecer o el atardecer del solsticio de verano.

Escobas de canela

La fragancia y el sabor intenso de la canela son probablemente la razón por la que se considera una hierba del sol y del fuego, sagrada para muchos de los dioses del sol. Mágicamente, se utiliza para la curación, la adivinación, el amor y la protección, y se dice que eleva las vibraciones espirituales en general. Puedes añadir canela a tus comidas del solsticio de verano o utilizarla en forma de incienso. Para algo más duradero, puedes hacer esta sencilla escoba de canela para el solsticio de verano y utilizarla para trazar tu círculo ritual, decorar tu altar del Litha o colgarla en tu casa para mantener un poco del calor del verano, de modo que eleve tu espíritu en los meses más oscuros que se avecinan.

Como ocurre con la mayoría de los proyectos de manualidades, puedes hacer esta escoba tan sencilla o tan elegante como desees, y añadir o cambiar cosas para adaptarla a tus gustos o al fin para el que la vayas a utilizar. Necesitarás:

- una escoba pequeña (asegúrate de utilizar una que esté hecha de materiales naturales, no de plástico). Si te lo quieres currar de verdad, puedes hacer tu propia escoba desde cero;
- periódicos;
- un pincel pequeño;
- cola blanca;
- canela en polvo;
- una bolsa de plástico o papel (lo suficientemente grande como para que quepa la escoba en ella);
- cintas de colores veraniegos (amarillo, naranja, rojo; también puedes usar verde y/o blanco) para decorar la escoba; la longitud dependerá del tamaño de la escoba que estés utilizando y de lo que quieras que cuelguen; con alrededor de un metro de cada color debería bastar);
- aceite esencial de canela (no aceite de fragancia, que es artificial) (opcional);
- flores secas de verano (rosas, lavanda, manzanilla, margaritas, girasoles, aster, etc.) (opcional);
- ramitas de canela u hojas de roble o cualquier otra cosa que desees añadir (opcional);
- cuerda o hilo (puedes utilizar algo extravagante, como el dorado, o si no, el blanco también es buena opción).

Para hacer la escoba de canela básica, coloca la escoba sobre unos periódicos u otra superficie segura y utiliza el pincel para extender pegamento sobre uno de sus lados. Espolvorea con canela y colócala dentro de la bolsa durante toda la noche. Si lo deseas, puedes repetir al día siguiente con el otro lado.

Una vez que tengas tu escoba aderezada, puedes añadir los adornos que desees. Puedes colgar flores de verano de sus tallos (de modo que las flores cuelguen hacia la parte inferior de la escoba) y atarlas con el hilo o la cuerda. También puedes colgar más ramitas de canela o añadir unas gotas de aceite esencial de canela para conseguir una escoba con un olor más intenso. Si utilizas hojas de roble, pégalas o átalas. A continuación, ata las cintas alrededor del mango de la escoba, donde se une con la propia escoba, de modo que cuelguen sobre la parte delantera de la escoba.

Si lo deseas, puedes colocar la escoba bajo el sol de mediodía en el solsticio de verano para captar la energía del sol y las bendiciones de los dioses solares.

Regalos para los pájaros

El solsticio de verano es una celebración de las glorias del mundo natural, y las aves estivales forman parte de esa belleza y abundancia. Por lo tanto, ¿por qué no compartir la fiesta con nuestros amigos emplumados? Podemos hacerlo preparando estas sencillas golosinas que también sirven para decorar tu jardín. Esta es otra manualidad divertida para hacer con los niños. Necesitarás:

- piñas;
- manzanas;
- cintas;
- mantequilla de cacahuete;
- alpiste;
- una aguja de tricotar o una brocheta para hacer un agujero en la manzana (opcional).

Puedes utilizar las piñas o las manzanas como base de tu comedero natural para pájaros, o también ambas cosas. Si utilizas las manzanas, tendrás que hacer un agujero por el centro utilizando una aguja de tejer, una brocheta o algo parecido. Empieza atando una cinta alrededor de la parte superior de la piña o a través del centro de la manzana. Ata un lazo grande en la cinta para poder colgarla de la rama de un árbol o de un gancho.

Pasa la piña o la manzana por la mantequilla de cacahuete y luego por el alpiste, hasta que queden recubiertas (si utilizas la manzana, ¡los pájaros también se la podrán comer!). A continuación, cuelga los regalos decorativos para pájaros donde estos puedan encontrarlos y disfrutarlos.

Artesanía con hierbas

El solsticio de verano es también una época para la artesanía con hierbas de todo tipo. Se supone que las hierbas que se recogen en el solsticio de verano son las más poderosas, tanto para fines medicinales como mágicos. Aquí tienes algunas variaciones de formas tradicionales de elaboración de hierbas. Recuerda que el hecho de que algo sea natural no significa que sea completamente seguro. Ten en cuenta que algunas personas son alérgicas incluso a las hierbas más comunes y suaves, como la lavanda.

La artesanía con hierbas no tiene por qué ser complicada. Puedes cortar una ramita de romero y utilizarla para rociar agua durante un ritual, o arrojarla a la hoguera para fomentar el recuerdo. La lavanda también se arroja a la hoguera para honrar a los dioses. Las varitas de salvia son muy útiles para limpiar la energía negativa, y el aroma de las rosas hace que casi todo el mundo piense en el amor. Para manualidades mágicas un poco más complicadas, puedes probar con una o dos de estas, ya sea en el día del solsticio de verano propiamente dicho, o en los días previos, para que puedas tenerlas listas para usar ese día.

Bolsita del amor

Esta es una sencilla bolsita de amor para atraer el amor a tu vida. Cuando la crees, puedes concentrarte en el tipo de amor que deseas, pero intenta no limitarte a una persona o idea concreta. Al fin y al cabo, nunca se sabe lo que el universo puede enviarte si dejas la puerta abierta. Necesitarás:

- un trozo cuadrado de tela, de unos 7,5 centímetros de lado, de algún tejido natural (seda, algodón, etc.). Como se trata de una bolsita para el solsticio de verano, puedes utilizar colores veraniegos en lugar del rosa habitual;
- una cinta para atarlo o una aguja e hilo;

- pétalos de rosa;
- flores de lavanda;
- un trozo de carbón de una hoguera del solsticio de verano, si es que has asistido a una, para añadir energía extra (opcional);
- una piedra tallada pequeña, como cuarzo rosa, amatista o malaquita (opcional).

Si es posible, hazlo al aire libre al mediodía del solsticio de verano, cuando el calor del sol puede aumentar la potencia de la bolsita. Si no, prepáralo con antelación y cárgalo bajo el sol.

Coloca la tela sobre la hierba o cualquier superficie plana, y pon las flores (y el carbón o la piedra si los utilizas) en el centro. Si la vas a coser, dóblala por la mitad, de modo que tengas tres lados abiertos, y cóselos empezando por la parte inferior izquierda y moviéndote hacia la derecha. Si no, junta la tela y átala en un haz con su cinta.

Pide a una de las diosas del amor del solsticio de verano que la bendiga (Afrodita, Venus, Astarté, Inanna o Ishtar serían buenas opciones) y déjala al sol durante un tiempo si puedes.

Almohada de dulces sueños

Muchas culturas creían que, si usabas un amuleto concreto en la víspera del solsticio de verano, soñarías con el amor o con tu futuro marido. Se utilizaban diversos elementos, como flores de roble, artemisa, hojas de fresno, milenrama y otros. Para esta sencilla almohada de los sueños, tendrás que utilizar algunas de las hierbas asociadas no solo con los sueños divinos y proféticos, sino también con el sueño tranquilo. Con suerte, esto te conducirá a tener dulces sueños. Puede que hasta sean sueños de amor verdadero. Necesitarás:

- una pequeña bolsa con cordel o un cuadrado de tela;
- aguja e hilo o un trozo de cinta;

- flores de lavanda;
- flores de caléndula;
- flores de manzanilla;
- pétalos de rosa (no se utilizan necesariamente para dormir o soñar, pero tienen un olor dulce y añadirán el elemento del amor a la almohada) (opcional).

Para hacer esto, puedes utilizar flores frescas o secas. Si utilizas flores frescas, ten en cuenta que es posible que la humedad de las flores haga que la almohada solo pueda utilizarse durante unas pocas noches antes de que las flores se vuelvan vulnerables al moho. Las flores secas no olerán tan bien, pero durarán más. Si es posible, recoge las flores tú mismo, al sol del verano. Si no es posible, puedes dejarlas en tu altar, si tienes uno, durante una o dos noches, o colocarlas en algún lugar donde les dé el sol.

Si utilizas una bolsita con cordel, simplemente coloca todos los artículos dentro y ciérrala. Si vas a hacer una almohada, coloca las hierbas en el centro de la tela y dóblala por la mitad, y cose desde la parte inferior de un lado, hacia arriba y después hacia abajo por el otro, o átala con la cinta.

Sostén la almohada en la mano antes de irte a dormir y piensa en lo que deseas soñar; después métela debajo de tu almohada habitual.

Varita de madera

El solsticio de verano es el momento perfecto para fabricarse una sencilla varita mágica. Puedes utilizar cualquiera de los tipos de madera asociados con el solsticio de verano, como el roble, el abedul, el avellano o el serbal. El manzano, el fresno, el saúco, el arce y el sauce también son buenos. No es el momento de hacer una varita elegante o complicada; lo que necesitas es algo que capte la energía elemental de la festividad. Si es posible, intenta salir al amanecer o antes del día del solsticio de verano.

Busca un trozo de madera, aproximadamente de la longitud de tu antebrazo, o desde la punta del dedo corazón hasta el codo. Debe gustarte tanto visual como espiritualmente, y tienes que tener la sensación de que su lugar está en tu mano. Puedes utilizar un trozo que ya se haya caído del árbol. Si tienes que cortar un trozo de madera de un árbol vivo, pide permiso al árbol, dale las gracias una vez lo hayas hecho, y entierra un pequeño regalo a los pies del árbol.

Si el trozo de madera aún tiene corteza, puedes optar por dejarla o pelarla con cuidado y luego pulir la madera ligeramente con papel de lija. Puedes dar forma a la madera con un cuchillo o dejarla tal cual. Si lo deseas, puedes tallar o dibujar algunos símbolos sencillos en la madera, como un sol, una espiral, una serpiente o algún otro símbolo solar o de fuego.

Vara adivinatoria de avellano

Se dice que el solsticio de verano es una de las mejores épocas para recoger avellano y utilizarlo como vara adivinatoria. Es sagrado para las hadas y está ligado al sol. Busca un avellano, árbol o arbusto (hay muchas especies diferentes, pero todas servirán para esta herramienta), y corta un trozo bifurcado con dos puntas de igual longitud. No es necesario hacerle nada más, a menos que desees bendecirlo bajo el sol.

Las varas adivinatorias se utilizan agarrando las dos puntas, con la pieza única más larga sostenida delante de ti. Sujeta la madera sin apretar y camina despacio. La varilla debería bajar para indicar la presencia de agua (o de un tesoro, si tienes suerte).

Decoración para el solsticio

Junto con las comidas especiales y las manualidades que celebran la festividad, otra forma de entrar en el ambiente es a través de la decoración. Ya sea adornando la casa con decoraciones de temática festiva o montando un altar especial para el solsticio de verano, existen numerosas opciones que encajan con los colores, símbolos y energías del Litha. Al fin y al cabo, la mayoría de nosotros decoramos la casa para el solsticio de invierno (Yule/ Navidad), así que, ¿por qué no hacer lo mismo con su homólogo?

Tanto si vas a añadir algo a tu altar habitual como si vas a crear uno específico para el solsticio de verano, aquí tienes algunas sugerencias de cosas que puedes querer tener en tu altar del solsticio de verano.

- Flores de verano, especialmente las flores con rayos que representan el sol, como las margaritas, la manzanilla, la caléndula, los ásteres y los girasoles. Pueden ser para decoración o como ofrenda a la Diosa.
- Símbolos solares: entre ellos se incluyen los círculos, las espirales, los discos y las ruedas, así como soles reales.
- Los colores amarillo, naranja, rojo y/o dorado, así como el blanco o el verde. Está muy bien tener un mantel de altar para la festividad que contenga los colores del sabbat, y si

utilizas uno, sin duda tiene que trasladar una sensación «veraniega», brillante y alegre, quizás a través de dibujos de flores.

- Incienso con un aroma temático para el solsticio de verano, como rosa, lavanda, canela, limón o cualquiera de los que figuran en las correspondencias al final del libro.
- Un pequeño caldero para representar el fuego (puedes poner una vela en él, o simplemente dejarlo vacío).
- Una «llama eterna» (en este caso, una luz alimentada por batería, ya que no querrás dejar una vela o una llama real encendida cuando no estés presente).
- Estatuas de cualquier dios o diosa que adores en el solsticio de verano.
- Hojas de roble o bellotas, frescas o secas.
- Tótems de animales para la celebración, como abejas, mariposas, pájaros, etc.
- Regalos u ofrendas para las hadas.
- Regalos u ofrendas para los dioses.

Y, también, cualquier otra cosa que te parezca apropiada. Al fin y al cabo, es tu altar y debes seguir tu corazón cuando lo decores. Lo mismo ocurre con la decoración de tu casa. Si te gusta ir a por todas, puedes colgar guirnaldas de flores frescas, cambiar tu mantel habitual por uno de un color propio del solsticio de verano, colocar un estandarte o una bandera con la temática del solsticio de verano (hay muchos disponibles en Internet o en tiendas paganas, y pueden ser muy bonitos), colocar velas de un amarillo brillante en diversas superficies, y colgar farolillos de papel o luces parpadeantes para representar el resplandor del sol o el baile de las luciérnagas.

Si eres de los que prefieren las cosas más discretas, puede bastar con colgar un póster de Stonehenge o un sol de madera tallada, y poner algunos objetos más en el altar o en el retablo. Puedes limitarte a coger algunas flores y ponerlas en el centro de la mesa.

O puede que no decores nada en absoluto, optando en su lugar simplemente por salir al exterior y disfrutar del luminoso día de verano. Y eso también está bien, ya que el solsticio de verano trata realmente de las glorias del mundo natural y del poder del sol sobre nuestras cabezas.

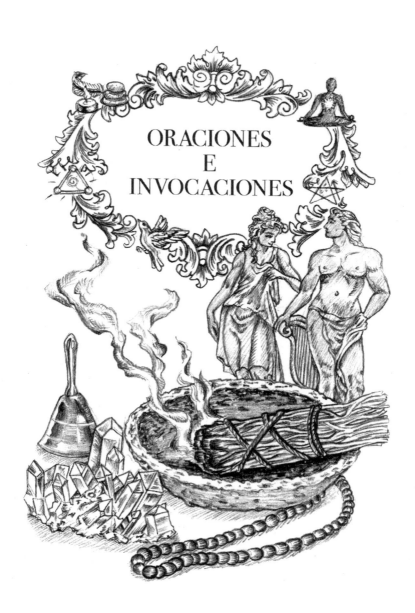

ORACIONES
E
INVOCACIONES

new beginnings, birth, renewal, rejuvenation, balance, fertility, change, strength, vernal equinox, sun enters Aries, Libra in the South, Green Man, Amalthea, Aphrodite, Blodeuwedd, Eostre, Eo..., na, Flora, Freya, Gaia, Guinevere, Persephone, Libera, A..., Kenpet, Umaj, Vila, Aengus MacOg, Cernunnos, Herne, The Horned One, Mabon Osiris, Pan, Thor, abundance, growth, health, communal healing, patience, understanding, virtue, spring, honor, contentment, psychic abilities, spiritual truth, intuition, receptivity, love, inner self improvement, spiritual awareness, purification, childhood, innocence, fidelity, creativity, communication, concentration, divination, harmony, abilities, prosperity, attraction, blessings, happiness, luck, money, ...ity, guidance, visions, insight, family, wishes, celebrating life cycles, friendship, courage, attracts love, honesty, good health, emotions, ...y, improvement, influence, motivation, peace, rebirth, self preserva..., feminine power, freedom, optimism, new beginnings, vernal equinox, procreation, sun, apple blossom, columbine, crocus, daffodil, daisy, daisy, honeysuckle, jasmine, jonquil, lilac, narcissus, orange blossom, primrose, rose, the fool, the magician, the priestess, justice, the star, ...ets, gathering, growth, abundance, eggs, seeds, honey, dill, aspar...

Independientemente de si planeas celebrar el día con un ritual formal o con una práctica sencilla, tranquila y solitaria (o ambas cosas), puede ser útil disponer de algunas invocaciones, meditaciones, afirmaciones y oraciones diseñadas específicamente para el sabbat. Hay muchas formas de conectar con los dioses y con las energías de la estación, y las que se describen a continuación pueden utilizarse solas o como parte de una ceremonia más amplia.

Las meditaciones son una forma de desprenderse de todo lo mundano y llevar la mente y el espíritu a otro nivel. Deben realizarse en un espacio lo más tranquilo y apacible posible, ya sea en el interior o en el exterior. Asegúrate de estar en una posición cómoda: a algunas personas les gusta tumbarse, mientras que otras se sientan con las piernas cruzadas, en una postura tipo yoga. Utiliza la forma que te resulte más cómoda y te permita dejar de centrarte en tu cuerpo y, en su lugar, moverte hacia tu espíritu.

Hay varias formas diferentes de hacer una meditación. Las meditaciones pueden leerse en silencio o en voz alta para uno mismo. Las meditaciones guiadas suelen hacerse en grupo, con una persona (tal vez un sacerdote o sacerdotisa, pero no necesariamente) que lee en voz alta mientras los demás escuchan con los ojos cerrados. Si quieres hacer una meditación guiada pero no tienes a nadie que te la lea, puedes grabarla con antelación y luego reproducirla tú mismo.

Para obtener el mayor beneficio, puedes empezar cerrando los ojos y respirando lenta y profundamente unas cuantas veces, ralentizando tu respiración y tus pensamientos de forma consciente, de modo que te encuentres en un espacio mental y físico más tranquilo desde el que partir antes de comenzar la meditación.

Meditación sobre la Tierra y el Sol

Debe hacerse sentado o de pie en el suelo, si es posible.

Cierra los ojos. Respira de forma lenta y profunda. Hazlo otra vez. Siente la fuerza de la tierra por debajo de ti. Sólida y fiable, esa fuerza siempre está ahí para que la invoques si la necesitas. Con el ojo de tu mente, visualízate echando raíces en el suelo, saliendo de tu coxis o de las plantas de tus pies, llegando cada vez más profundo, a través del suelo, cada vez más hondo, hacia el núcleo de la propia tierra. Siente cómo tus raíces se adentran en la tierra y conectan con esa fuerza, esa energía para el crecimiento. Siente esa energía subiendo desde la tierra, subiendo a través de esas raíces y hasta tu propio núcleo, llenándote de fuerza, calma y concentración.

Ahora, extiende las manos hacia arriba y siente el poder y la claridad que vienen de lo alto. La energía vibrante del sol, la claridad del cielo. Respírala en lo más profundo de tu ser. Siente la energía del sol mientras corre por tus venas y recarga tus baterías físicas, mentales y espirituales. Siente cómo la luz se lleva todas tus tensiones y preocupaciones, dejando solo fuerza y claridad, calma y concentración.

Eres uno con la tierra. Eres uno con el sol. Estás en paz.

(Variación de Blake)

Meditación sobre el amor

El amor es uno de los temas habituales del solsticio de verano. Se venera a las diosas del amor, y no es raro que se celebren uniones de manos y bodas en este día. Pero el amor no se limita al amor romántico entre dos (o más) personas. Existe el amor de familia, y también se celebra a las diosas madres. Incluso aquellos que no tienen la suerte de tener una pareja, o una familia con la que se lleven bien, a menudo cuentan con el amor de los amigos, de un aquelarre o de un compañero peludo muy querido. Y no podemos olvidar que también tenemos el amor de los dioses. Esta meditación se centra en abrirnos a todos los tipos de amor que existen.

Si lo deseas, antes de decir o escuchar esta mediación, puedes encender una vela rosa o roja y/o un poco de incienso de rosa o lavanda y reunir fotos de tus seres queridos. Si se trata de algo con lo que realmente estás teniendo problemas, también puedes sostener un cristal de cuarzo rosa o amatista durante la meditación. Siéntate en un lugar cómodo, rodeado de las velas y las fotografías. Lee en silencio o en voz alta:

Como los rayos del sol en el solsticio de verano, el amor está por todas partes.

El amor está en los ojos de una madre cuando mira a su hijo, del mismo modo que la Diosa nos mira con ojos de amor.

El amor está en el corazón de nuestro ser amado, mientras late al unísono con el nuestro, del mismo modo que el corazón de la Diosa late de amor por nosotros.

El amor está en el calor de la amistad que nos abraza con fuerza en las horas más oscuras, del mismo modo que la Diosa es la luz y el calor, y ella es el amor.

El amor es el ronroneo del gato y el suave pelaje del perro cuando se acurrucan a nuestro lado, del mismo modo que la Diosa nos envía a quienes nos necesitarán como nosotros a ellos.

El amor es la luz, la senda y el camino, y así encontramos el amor en nuestro interior, por nosotros mismos y por los demás.

El amor está a nuestro alrededor, como los rayos del sol en el cielo, y por eso abrimos nuestros corazones y nuestros espíritus al amor y a ser amados.

Afirmaciones

Las afirmaciones son declaraciones breves que suelen decirse en voz alta, aunque también pueden decirse en silencio a uno mismo. Son siempre positivas y siempre en tiempo presente («Soy amado y estoy a salvo», no «Quiero ser amado y estar a salvo»), y nos ayudan a cambiar los bucles negativos que se repiten dentro de nuestro cerebro y a sustituirlos por pensamientos positivos. Se cree (con algunos indicios científicos de que esta creencia es cierta) que, repitiendo afirmaciones positivas, podemos cambiar de verdad nuestra propia realidad personal. Las afirmaciones se hacen a menudo para sanar o para crear movimientos positivos hacia adelante en nuestras vidas.

Prueba algunas de estas el día del solsticio de verano y, si te parecen apropiadas, no dudes en seguir utilizándolas en los días siguientes:

«Soy tan fuerte y vibrante como el sol del verano. Estoy lleno de energía».

«Soy luz y amor, y hago brillar mi luz y mi amor sobre el mundo donde puedan ser vistos por los demás».

«Soy hermoso, como la luz resplandeciente del sol».

«Estoy lleno de luz, moviéndome en la dirección en la que necesito moverme, siguiendo el camino que estoy destinado a recorrer».

«El Dios y la Diosa me aman, y por eso florezco como las flores».

Invocación a dioses y diosas

Esta es una buena invocación general si no vas a trabajar con ningún dios o diosa en concreto. Puede utilizarse al principio de un ritual o por sí sola.

Gran Diosa, ¡te saludo! Tú que eres conocida por muchos nombres y muchos rostros, haz brillar tu bendición divina sobre mí en este día del solsticio de verano, llenándome de luz y de amor.

Gran Dios, ¡te saludo! Tú que eres el señor de las bestias, los campos y los bosques, haz brillar tu divina bendición sobre mí en este solsticio de verano, llenándome de fuerza y energía.

Invocación a Brighid y Belinos (celtas)

Esta es una buena invocación si sigues el panteón celta. Puede utilizarse si deseas pedir curación o inspiración.

Te invoco, Brighid, triple diosa que rige el fuego del hogar, la curación y la inspiración. Comparte tus dones conmigo en este día del solsticio de verano y guíame con tu amable sabiduría. Que tu luz caliente mi alma e ilumine mi espíritu. Que así sea.

Te invoco, Belinos, dios del sol, cuyos poderosos rayos traen curación y fuerza. Comparte tus dones conmigo en este día del solsticio de verano y dame poder con tu energía. Que tu luz caliente mi alma e ilumine mi espíritu. Que así sea.

Invocación a Afrodita y Apolo (griegos)

Utiliza esta invocación al dios y la diosa griegos de la luz y el amor si sigues el panteón griego. Puede utilizarse como invocación sencilla para celebrar los aspectos del día.

¡Afrodita! Bendita diosa del amor, te invoco y te pido que me envíes amor en todas sus formas positivas y de afirmación de la vida. ¡Que este día esté lleno de amor!

¡Apolo! Poderoso dios del sol, te invoco, mientras tu carro rueda por el cielo trayendo sus rayos dadores de vida. ¡Que este día esté lleno de luz y curación!

Invocación a Gaia

Gaia era originalmente una diosa griega de la tierra y también la diosa madre, a la que se atribuía la creación del mundo. Hoy en día se la suele considerar una personificación del planeta, la conciencia de la Tierra misma. Ella es todo lo que adoramos y de lo que dependemos para nuestro sustento, y le están dando una buena paliza estos días, con unas cosas y con otras. El solsticio de verano es un buen momento para invocarla y agradecerle todos sus dones. Siempre es buena idea portarte bien con tu madre.

Oh, Gaia, madre de todos nosotros, ¡te invoco!

Tú, que diste a luz al mundo, también me has dado a luz a mí, y te envío gratitud y amor, devoción sin fin, y la promesa de velar por todos tus dones.

Gracias por las montañas y los mares.

Gracias por las flores, los árboles y las cosechas en el campo.

Gracias por el sol que brilla y la lluvia que limpia.

Gracias por nuestros hermanos las bestias, por los pájaros y las mariposas.

Eres el corazón palpitante de la tierra, fuerte bajo nosotros, reconfortante a nuestro alrededor.

Eres nuestra madre y te estamos agradecidos. Eres nuestra madre y te queremos.

¡Gaia! ¡Gaia! ¡Gaia!

Invocación a los dioses del trueno

Aunque los dioses del sol eran los más venerados durante el Litha, muchas culturas también rendían homenaje a los dioses del trueno, las tormentas y la lluvia. Si el día del solsticio de verano está lloviendo, o si vives en un lugar que sufre los efectos de la sequía, puedes hacer una invocación a los dioses del trueno en vez de a los del sol. Si está lloviendo, puedes copiar la invocación y meterla en una funda de plástico para mantenerla seca, y luego recitarla de pie en medio de la tormenta (siempre que no haya rayos, por supuesto). Puede que algunos de estos dioses te resulten desconocidos, por lo que te recomendamos que consultes la lista de dioses del primer capítulo de este libro para conocer sus orígenes y atributos. Puede que alguno te inspire a explorar aún más.

¡Dioses de la tormenta y dioses del trueno! ¡Dioses del relámpago, poderosos y brillantes! Gracias por vuestras lluvias portadoras de vida que fertilizan los cultivos y la tierra.

¡Agni y Baal! ¡Júpiter y Perun! ¡Yo os invoco! Invoco vuestras aguas curativas y vuestras tormentas que limpian.

¡Taranis y Thor! ¡Thunar y Zeus! ¡Yo os invoco! Pido que vuestros dones sean medidos y constantes. Que las lluvias vengan con suavidad y las tormentas pasen con rapidez, sin dañar a nadie y ayudando a todos. Entregad vuestras preciadas aguas a las tierras que no tienen ninguna y tranquilizad vuestra presencia en las tierras que tienen mucha.

¡Agni y Baal! ¡Júpiter y Perun! ¡Os doy las gracias!

¡Taranai y Thor! ¡Thunar y Zeus! ¡Os doy las gracias!

En este bendito solsticio de verano, os doy las gracias y alabo vuestros nombres.

Invocación para dar la bienvenida al amanecer

Si vas a levantarte con el sol para saludar al día en el solsticio de verano, o si vas a celebrar una vigilia y permanecer despierto hasta el amanecer del día siguiente, puedes utilizar esta invocación para dar la bienvenida al alba. Puede recitarse en el exterior, bajo el cielo resplandeciente, o en el interior, en un altar o frente a una ventana orientada al este. Aurora es el equivalente romano de la diosa griega del amanecer, Eos. Esta invocación debe decirse en voz baja, como corresponde a la tranquila calma de la mañana.

Hermosa Eos, diosa del amanecer, te doy la bienvenida.

Hermosa Aurora, diosa del amanecer, te doy la bienvenida.

Al contemplar el comienzo de un nuevo día, coloreado con su paleta mágica de rosas, rojos y naranjas, me maravillo ante el milagro que supone la salida del sol, trayendo consigo luz y calor y posibilidades todavía desconocidas.

Te doy la bienvenida, Eos, con amor y gratitud por este nuevo día.

Te doy la bienvenida, Aurora, con amor y gratitud por este nuevo día. Que solo traiga felicidad y alegría para mí y los míos.

Bienvenidos al amanecer de este nuevo día.

Invocación de los cuartos para el solsticio de verano

Estas invocaciones pueden utilizarse para llamar a los elementos en un ritual formal, o para trazar un círculo en un conjuro en solitario. Puedes encender una vela mientras haces cada invocación de los cuartos, o simplemente girar para mirar hacia la dirección asociada con ese cuarto. La mayoría de la gente empieza por el este/aire, luego se gira hacia el sur/fuego, luego hacia el oeste/agua, y por último hacia el norte/tierra. En cambio, otros empiezan por el norte.

Este: Invoco al guardián del Este, el poder del aire, para que venga a este círculo trayendo brisas refrescantes de verano y ligereza de espíritu.

Sur: Invoco al guardián del Sur, el poder del fuego, para que venga a este círculo trayendo la cálida luz del sol y la pasión por la alegría del verano.

Oeste: Invoco al guardián del Oeste, el poder del agua, para que venga a este círculo trayendo lluvias vivificantes y actitudes flexibles.

Norte: Invoco al guardián del Norte, el poder de la tierra, para que venga a este círculo trayendo energía para el crecimiento, y fuerza en la que confiar sin importar lo que venga.

Oración por el amor

Las plegarias son una forma de hablar con los dioses y de enviar nuestros deseos, anhelos y súplicas al universo. Pueden ser muy sencillas, y no necesitas ningún tipo de ritual especial para rezarlas. Puedes encender una vela, si estás sentado o de pie ante tu altar, o simplemente puedes pronunciarlas desde el corazón.

Diosa, por favor, envíame amor para llenar mi corazón de alegría y mis días de calor. Permíteme amar y ser amado a cambio, de la mejor manera posible, por el bien de todos y según el libre albedrío. Y permite que ese amor sea un reflejo de tu propio gran amor, para que traiga luz a mi vida. Que así sea.

Oración por la creatividad

Brighid, permíteme bañarme en tu caldero de creatividad y ser tocado por tus dones de inspiración y arte. Haz que todo lo que haga sea lo mejor que pueda, y ayúdame a brillar con la luz de la creación apasionada, tan brillante como el sol del solsticio de verano.

Oración por la curación

Que los rayos del sol curen mi cuerpo, mi mente y mi espíritu.

Que el calor de este solsticio de verano ahuyente toda enfermedad y desequilibrio, y me deje sano y completo.

Dioses del sol, prestadme vuestra magia curativa.

Diosas de la tierra, prestadme vuestra magia curativa. Dejadme sano y entero, con mi espíritu resplandeciente como el sol.

Oración por la energía

Que el poder del sol me llene de energía positiva.

Que el poder de la tierra vibrante y abundante me llene de energía positiva vibrante y abundante.

Que la magia del día del solsticio de verano me aporte energía y propósito.

Que así sea.

RITUALES DE CELEBRACIÓN

new beginnings, birth, renewal, rejuvenation, balance, fertility, change,
strength, vernal equinox, sun enters Aries, Libra in the Sou...
Green Man, Amalthea, Aphrodite, Blodeuwedd, Eostre, E...
...a, Flora, Freya, Gaia, Guinevere, Persephone, Libera, A...
Renpet, Umaj, Vila, Aengus Mac Og, Cernunnos, Herma, The...
Roma, Mabon Osiris, Pan, Thor, abundance, growth, health, e...
...al healing, patience understanding virtue, spring, honor, contentm...
...chic abilities, spiritual truth, intuition, receptivity, love, inner s...
improvement, spiritual awareness, purification, childhood, innocenc...
...ility, creativity, communication, concentration, divination, harmo...
...abilities, prosperity, attraction, blessings, happiness, luck, money...
...ty, guidance, visions, insight, family, wishes, celebrating life cy...
...friendship, courage, attracts love, honesty, good health, emotions,
...y, improvement, influence, motivation, peace, rebirth, self preserva...
...eminine power, freedom, optimism, new beginnings, vernal equino...
...rocreation, sun, apple blossom, columbine, crocus, daffodil, dais...
...aisy, honeysuckle, jasmine, jonquil, lilac, narcissus, orange blosso...
...imrose, rose, the fool, the magician, the priestess, justice, the sta...
...ts, gathering, growth, abundance, eggs, seeds, honey, dill, aspar...

Hay muchas formas diferentes de celebrar los sabbats. Algunas personas simplemente aprovechan las festividades como ocasiones para la alegría y el jolgorio, reuniéndose con amigos brujos para disfrutar del día de manera informal. En el solsticio de verano, eso suele implicar pícnics, barbacoas, acampadas o un día en la playa. Otros celebran los sabbats con rituales: algunos en solitario; otros con un aquelarre o con un grupo de personas que por lo general realizan su práctica a solas, pero a las que les gusta reunirse para las festividades; o incluso en una gran reunión, si resulta que hay algo así cerca de donde viven. También hay personas que celebran pequeños rituales para su familia, compartiendo su fe con sus hijos como muchos han hecho a lo largo de los tiempos.

A algunas personas les gusta escribir sus propios rituales, mientras que otras se sienten más cómodas utilizando ritos que ha ideado otra persona. He aquí tres ejemplos de rituales que puedes utilizar tal cual o adaptar a tu gusto para que se ajusten a tus propias necesidades. Ten en cuenta que puedes tomar elementos del ritual solitario y crear a partir de ellos un ritual de grupo o familiar, y que el tercer ritual (en teoría diseñado para familias o niños) es perfectamente apropiado para adultos amantes de la diversión, ya sea en solitario o en grupos.

También puedes tomar elementos del capítulo anterior sobre hechizos y adivinación y utilizarlos como núcleo de un ritual para el Litha, dándoles la forma que desees y utilizando después los elementos básicos del ritual (invocaciones de los cuartos, invocaciones y despedidas de dioses y diosas, etc.) que se enumeran aquí para el resto del ritual. O incluso puedes utilizar una o varias de las manualidades enumeradas en el capítulo sobre recetas y artesanía para crear un ritual «artesanal» divertido y entretenido.

También es posible convertir en rituales incluso actividades mundanas como pícnics o barbacoas, si los celebras en un espacio sagrado e invitas a los dioses a unirse a ti. O puedes incorporar algunas de las tradiciones antiguas (como las enumeradas en el primer capítulo) a una forma moderna que se adapte a tu propia práctica, creando así tus propias tradiciones nuevas, para ti o para aquellos con los que compartas tu práctica en este día del solsticio de verano.

El solsticio de verano en solitario: bajar el sol

En los trabajos mágicos wiccanos, existe una práctica conocida como «bajar la luna», en la que una bruja (normalmente, pero no siempre, una sacerdotisa) canaliza a la Diosa atrayendo su esencia hacia sí misma. Menos común es la práctica de «bajar el sol», en la que un brujo (normalmente un hombre) canaliza al Dios. Esta es una forma diferente de bajar el sol.

Propósito:

Este ritual se centra en atraer el poder del sol en su cenit y llevar esa energía a tu interior, donde cargará tu propia batería espiritual en preparación para los meses más oscuros que se avecinan. El ritual es bastante sencillo, con pocas herramientas necesarias, y es perfecto tanto para el practicante experimentado como para el que se inicia en el camino. También puede convertirse con relativa facilidad en un ritual de grupo, si así se desea.

Entorno:

Este ritual debe realizarse a mediodía si es posible, en el día del solsticio de verano. Si es necesario, puede hacerse en cualquier otro momento del día, siempre que el sol siga brillando en el cielo. Si llueve ese día, la energía seguirá siendo casi la misma un par de días antes o después, aunque no tan potente. Como la mayoría de los demás rituales de solsticio de verano, es mejor realizarlo al aire libre, bajo el sol, a poder ser en medio de una zona abierta como un prado o un jardín. También puede hacerse en una playa o en cualquier lugar en el que vayas a estar sentado donde te dé el sol. Si no puedes estar en el exterior, intenta encontrar un lugar en el interior donde el sol caiga directamente sobre ti mientras realizas el ritual, incluso si eso supone realizarlo antes o después del mediodía para que el sol brille en el lugar adecuado.

Suministros:

Necesitas velas para el Dios y para la Diosa (dorada y plateada, o amarilla y blanca, o las dos blancas) en portavelas a prueba de fuego, cuatro velas para los cuartos (uno de cada color: verde, amarillo, rojo y azul), y una vela de pilar para representar el sol (amarilla, naranja o roja). También necesitarás un caldero de hierro fundido o un recipiente o portavelas ignífugo, sal y agua en recipientes pequeños, un cuenco pequeño para mezclarlas, incienso o una varilla de salvia para quemar en un soporte o cuenco, una cinta ancha de un color que combine con la vela solar (si la vela es amarilla, utiliza una cinta amarilla, etc.) y que sea lo suficientemente larga como para atártela a la cintura, cerillas, galletas con forma de sol o redondas a modo de pasteles y *ale* (puedes hacer galletas de azúcar y cubrirlas con glaseado amarillo si lo deseas), zumo de frutas, vino, hidromiel o cerveza tipo *ale* en un cáliz o copa elegante. Opcional: girasoles o margaritas como ofrenda para los dioses, un apagavelas, un athame, una escoba o varita, un mantel de altar decorativo, una mesa para utilizar como altar, y una manta o tela para sentarte si vas a estar al aire libre.

Notas: Aunque las instrucciones exigen un montaje ritual completo, si no dispones de todo lo que aparece aquí, no te preocupes. Las herramientas están pensadas para ayudarte a concentrarte y realzar el sentido de la ceremonia, y probablemente harán que tu ritual sea aún más poderoso. Pero si no estás en condiciones de hacer todo el ritual formal (por ejemplo, si no has salido del armario de las escobas y necesitas algo que puedas hacer rápidamente y sin que resulte obvio), puedes hacer únicamente la sección central del ritual.

Preparaciones previas al ritual:

Dispón las velas del Dios y de la Diosa en el altar o en el centro del círculo (dependiendo de si utilizas un altar formal o si simplemente vas a colocar las cosas en el suelo). Coloca la vela de pilar en su soporte entre ellas, hacia la parte delantera del espacio, de forma que puedas sentarte frente a ella con facilidad, y ata la cinta formando un círculo suelto alrededor de la base del soporte. Coloca cualquier ofrenda o adorno sobre el altar. Las velas de los cuartos pueden colocarse sobre el altar en sus direcciones correspondientes, o en los bordes del círculo, con la vela para la tierra hacia el norte, el aire hacia el este, el fuego hacia el sur y el agua hacia el oeste. Los pasteles y el *ale* pueden colocarse a un lado, donde puedas alcanzarlos cuando el ritual se acerque a su fin.

El ritual:

Empieza limpiando el espacio y a ti mismo esparciendo el humo de la varilla de salvia (o incienso). Camina alrededor del círculo en el sentido de las agujas del reloj, moviendo el humo por el aire y visualizando cómo el área ritual se limpia de cualquier negatividad. A continuación, haz lo mismo contigo mismo, empezando por la cabeza y bajando hasta los pies. Puedes dejar la salvia o el incienso humeando en su soporte, o también puedes apagarlo.

Vierte un poco de sal en el cuenco pequeño y añade un poco de agua. Mientras los mezclas con el dedo o con un athame, recita:

La sal en el agua, el agua en la sal.
Lavad todo lo que sea negativo e impuro,
dejando solo lo que sea positivo y beneficioso.

Úntate la mezcla de sal y agua en la frente (para los pensamientos), los labios (para el habla) y el corazón (para los sentimientos).

Traza el círculo recorriendo su perímetro y apuntando al suelo (puedes utilizar el dedo, un athame, una escoba o una varita; si utilizas una escoba, haz movimientos de barrido pero mantén la escoba ligeramente por encima de la superficie del suelo), mientras recitas:

De la tierra al cielo, del cielo a la tierra;
que el espacio sagrado esté por todas partes.

Visualiza tu círculo llenándose de luz blanca, encerrándote en un espacio que está fuera del tiempo o lugar normales.

Ahora invoca a los cuartos, empezando por el este. Dirígete hacia el este y recita:

Invoco al guardián del este, el poder del aire,
para que venga a este círculo trayendo
brisas refrescantes de verano
y su ligereza de espíritu.

Enciende la vela amarilla. Dirígete hacia el sur y recita:

Invoco al guardián del sur, el poder del fuego,
para que venga a este círculo

trayendo la cálida luz del sol
y una pasión por la alegría estival.

Enciende la vela roja. Dirígete hacia el oeste y recita:

Invoco al guardián del oeste, el poder del agua,
para que venga a este círculo
trayendo lluvias vivificantes
y un flujo sanador.

Enciende la vela azul. Dirígete hacia el norte y recita:

Llamo al guardián del norte, el poder de la tierra,
para que venga a este círculo
trayendo energía para el crecimiento
y la fuerza de la tierra de abajo.

Enciende la vela verde. A continuación, invoca a los dioses, utilizando estas palabras o cualquiera de las alternativas del capítulo anterior.

Gran Diosa, ¡te saludo!
Tú que eres conocida por muchos nombres
y muchos rostros,
haz brillar tu divina bendición sobre mí en
este día del solsticio de verano,
llenándome de luz y amor.

Gran Dios, ¡te saludo!
Tú que eres el señor de las bestias,
los campos y los bosques,
haz brillar tu divina bendición sobre mí en este
día del solsticio de verano,
llenándome de fuerza y energía.

Enciende las velas del Dios y la Diosa.

Sitúate de pie (o siéntate, si es necesario) delante de tu altar y enciende la vela que representa al sol. Cierra los ojos y levanta los brazos en el aire, como si buscaras el sol en lo alto, con las palmas abiertas y vueltas hacia arriba. Siente el calor del sol en la cara; siente cómo su energía vital fluye hacia ti a través del chakra de la coronilla, en la parte superior de la cabeza, y desciende hasta llenar todo tu cuerpo. Visualízate a ti mismo brillando con luz y energía. Mantén esta imagen en tu mente con tanta fuerza como puedas, el tiempo que necesites. A continuación, abre los ojos y mira la vela. La llama de la vela simboliza el calor y el poder del sol: visualiza esa energía moviéndose también hacia la vela, y desde la vela, hacia la cinta que está debajo de ella. Recita:

> *Hoy es el solsticio de verano y el sol está en su cenit.*
> *Su poder y su energía me rodean.*
> *Su poder y su energía forman parte de mí.*
> *Soy el fuego del sol.*

Coge la cinta, levántala hacia el sol y luego átala alrededor de tu cintura. Siente la fuerza del sol dentro de la cinta, y recita:

> *Dentro de este objeto almaceno el poder y la energía del sol,*
> *para que me lleven a través de los días más oscuros que se avecinan.*

Pasteles y *ale* (opcional): Levanta tu «pastel» y recita:

> *Doy gracias a la tierra por su cosecha*
> *y por la generosidad que aporta a mi vida.*

Cómete el pastel. Levante la taza y recita:

> *Doy gracias al sol por sus rayos vivificantes*
> *que ayudan a la cosecha a crecer*
> *y aportan dulzura a esta copa y a mi vida.*

Bébete el *ale*. Da las gracias al Dios y a la Diosa diciendo:

Bendita señora, bendito señor,
os doy las gracias
por vuestra presencia en mi círculo,
hoy aquí y en mi vida siempre.

Apaga las velas del Dios y la Diosa.

Ahora es el momento de despedir a los cuartos. Empezando por el norte y girando en sentido contrario a las agujas del reloj (oeste, sur, este), recita en cada dirección:

Te doy las gracias
(inserta el nombre del elemento en este orden:
tierra, agua, fuego, aire)
por velar por mi círculo y mi trabajo mágico.

Apaga las velas después de dar las gracias a cada elemento.

Abre el círculo girando en el sentido contrario de las agujas del reloj y señalando mientras giras. Visualiza un muro de luz descendiendo, hasta que vuelvas a tu vida normal. Tómate un momento para asimilarlo todo. Puedes llevar el lazo todo el día, o quitártelo y guardarlo en un lugar seguro como una caja o una bolsa que puedes guardar en tu altar o en un cajón especial. Cada vez que sientas que necesitas un impulso extra, puedes sacártelo y llevarlo puesto (debajo de la ropa si lo deseas), o guardarlo en un bolsillo.

Ritual grupal de sanación y abundancia del solsticio de verano

El solsticio de verano es la época perfecta para el trabajo mágico de sanación, así como para el trabajo por la abundancia. Este ritual combina ambas cosas utilizando la energía curativa del sol, y también del fuego, que es su símbolo. El fuego quemará aquellas cosas que os frenan, para que podáis recibir la energía para la abundancia y el crecimiento que es el sello distintivo de este sabbat. Este ritual está diseñado para un grupo, ya sea un aquelarre formal o simplemente una reunión de brujas con ideas afines, pero puedes modificarlo para su uso en solitario si es necesario.

Si tu grupo sigue un panteón específico, sentíos libres de sustituir cualquier dios o diosa que sea necesario. Este ritual está pensado para realizarse alrededor de una hoguera o un pozo de fuego (podéis utilizar un pozo de fuego portátil en lugar de cavar uno en el suelo). Si no tenéis la posibilidad de estar al aire libre o no podéis tener un fuego abierto, una opción es sustituirlo por un caldero ignífugo u otro recipiente redondo grande, y llenarlo de arena o sal y luego colocar velas en el interior para que ocupen el lugar del fuego. Como siempre, tened cuidado al utilizar cualquier tipo de llama abierta, sobre todo si lleváis ropa holgada. Tened siempre cerca un cubo de agua o alguna otra forma de sofocar el fuego por si de repente se os va de las manos. Los rituales de grupo casi siempre están dirigidos por un sumo sacerdote y/o una suma sacerdotisa, o alguien que asuma esos papeles para la ocasión. Este ritual está escrito para un líder, pero puede dividirse entre dos si se desea, o dividirse entre todos los participantes, de forma que cada uno pronuncie una sección diferente del ritual.

Entorno:

Este ritual puede realizarse en cualquier momento del solsticio de verano, aunque el momento más poderoso será el atardecer, justo cuando el sol se dispone a ponerse. No obstante, aseguraos de que haya tiempo suficiente para completar el ritual antes de que el sol desaparezca por completo. Debe celebrarse al aire libre, si es posible, preferiblemente alrededor de una hoguera.

Suministros:

Necesitaréis velas de Dios y de Diosa (dorada y plateada, o amarilla y blanca, o las dos blancas) en portavelas a prueba de fuego. También necesitaréis cuatro velas para los cuartos (uno de cada color: verde, amarillo, rojo y azul, dos recipientes pequeños, uno de agua y otro de sal, un cuenco pequeño para mezclarlas, una varilla de salvia para quemar (podéis sustituirla por una varilla de incienso si lo preferís) en un recipiente seguro contra el fuego, flores de lavanda en una cesta o un cuenco, margaritas o alguna otra flor brillante (una por cada participante) en una cesta, cerillas, comida y bebida para los pasteles y el *ale* (una hogaza redonda de pan o unas alegres galletas para los pasteles, y zumo de frutas, vino o hidromiel para el *ale* en un cáliz u otra copa bonita), y una mesa para utilizarla como altar. Si lo deseáis, también podéis utilizar un apagavelas, un caldero o un cuenco con velas dentro si no podéis hacer una hoguera, tela para el altar, una pluma y cualquier otra decoración de temporada, como un jarrón con flores o símbolos solares.

Preparaciones previas al ritual:

Colocad las velas del Dios y la Diosa en el altar junto a cualquier ofrenda o adorno y mantened las cestas de lavanda y flores o hierbas cerca. Las velas de los cuartos pueden colocarse en el altar en sus direcciones correspondientes, o en los bordes del círculo, con la vela verde para la tierra orientada hacia el norte, la vela amarilla para el aire orientada hacia el este, la vela roja para el fuego hacia el sur y la vela azul para el agua hacia el oeste. Los pasteles y el *ale* pueden colocarse a un lado, donde podáis alcanzarlos cuando el ritual se acerque a su fin. El altar se puede colocar donde mejor encaje dentro del círculo, o podéis orientarlo hacia el este, ya que esa es la dirección que se asocia con el fuego y, por consiguiente, con el sol. La hoguera debe estar encendida antes de comenzar.

El ritual:

Comenzad limpiando el espacio y a todos los participantes esparciendo el humo de la varilla de salvia (o incienso). Alguien debe caminar alrededor del círculo en el sentido de las agujas del reloj, moviendo el humo por el aire y visualizando cómo el área ritual va quedando limpia de cualquier negatividad. Si lo deseáis, podéis utilizar una pluma para hacer fluir el humo hacia el interior. A continuación, pasad la salvia alrededor del círculo en el sentido de las agujas del reloj, para que cada participante pueda sahumarse a sí mismo, empezando por la cabeza y bajando hasta los pies. Una vez que la salvia o el incienso vuelvan al principio, puede dejarse humeando en su soporte o apagarse.

El líder debe verter un poco de sal en el cuenco pequeño y añadir un poco de agua, mezclarlo todo con un dedo o un athame, y recitar:

La sal en el agua, el agua en la sal.
Lavad todo lo que sea negativo e impuro,
dejando solo lo que sea positivo y beneficioso.

Entonces, tendrá que pasar el cuenco alrededor del círculo. A continuación, cada participante se untará la mezcla de sal y agua en la frente (para los pensamientos), los labios (para el habla) y el corazón (para los sentimientos).

El líder trazará el círculo recorriendo su perímetro y apuntando hacia el suelo. Puede utilizar un dedo, un athame, una escoba o una varita; si utiliza una escoba, tendrá que hacer movimientos de barrido, pero deberá mantener la escoba ligeramente por encima de la superficie del suelo. Mientras recorre el círculo, recitará:

Lanzo el círculo en redondo,
de la tierra al cielo, del cielo a la tierra.

Conjuro ahora este lugar sagrado,
fuera del tiempo, fuera del espacio.
El círculo está trazado.
Estamos entre los mundos.

A continuación, el grupo invocará a los cuartos. Esto puede hacerlo el líder, o también pueden turnarse cuatro participantes. Todos en el círculo se girarán en la dirección del cuarto invocado, y entonces se pronuncia la invocación y se enciende la vela asociada. Acto seguido, todos se vuelven hacia el siguiente cuarto. Empezad por el este, recitando:

Invoco al guardián del este, el poder del aire,
para que venga a este círculo
trayendo refrescantes brisas de verano
y claridad de pensamiento.

Encended la vela amarilla. Giraos hacia el sur y recitad:

Invoco al guardián del sur, el poder del fuego,
para que venga a este círculo
trayendo la cálida luz del sol
y el espíritu del amor.

Encended la vela roja. Giraos hacia el oeste y recitad:

Invoco al guardián del oeste, el poder del agua,
para que acuda a este círculo
trayendo lluvias vivificantes y energía curativa.

Encended la vela azul. Giraos hacia el norte y recitad:

Invoco al guardián del norte, el poder de la tierra,
para que venga a este círculo y nos arraigue
para el trabajo mágico que tenemos por delante.

Encended la vela verde.

El líder debe invocar ahora a los dioses utilizando las palabras aquí expuestas o cualquiera de las alternativas del capítulo anterior, diciendo:

Te invoco, Brighid,
triple diosa que rige el hogar, la curación y la inspiración.
Comparte tus dones con nosotros en este día del solsticio de verano
y guíanos con tu amable sabiduría.
Que tu luz caliente nuestros corazones e ilumine nuestros espíritus.
Que así sea.

Ahora, tendrá que encender la vela de la Diosa.

Te invoco, Belinos, dios del sol,
cuyos poderosos rayos traen curación y fuerza.
Comparte tus dones con nosotros
en este día de solsticio de verano,
y danos poder con tu energía.
Que tu luz caliente nuestros corazones
e ilumine nuestros espíritus.
Que así sea.

Ahora, tendrá que encender la vela del Dios. A continuación, el líder del ritual debe decir:

Nos reunimos para celebrar el Litha, el solsticio de verano.
Este es el día más largo del año, con más luz, y el sol está en el
apogeo de su poder y energía. Después de hoy, nos adentraremos
lentamente en la época oscura, con un poco menos de luz y un
poco más de oscuridad cada día. Así ha sido siempre, y así será
siempre, pues esta es la Rueda del Año, siempre girando, trayén-
donos oportunidades de cambio y crecimiento.

El dios del sol es un dios sanador, y la diosa de la tierra también cura. Hoy aprovecharemos ese poder curativo y lo utilizaremos para ayudarnos a desprendernos de lo que nos aqueja (ya sea física, mental o espiritualmente), de modo que seamos libres para recibir la energía del sol y utilizarla para atraer la abundancia a nuestras vidas.

El líder sostiene el cuenco de lavanda y dice:

La lavanda es una de las hierbas más curativas que existen, sagrada para los dioses del solsticio de verano. En algunas culturas, es costumbre arrojar lavanda al fuego como ofrenda al Dios y a la Diosa. Al recorrer el círculo, cada uno de nosotros se turnará para arrojar un puñado de estas fragantes flores, arrojando lo que necesite ser sanado a las llamas purificadoras del fuego mientras lo hacemos.

Entonces, se pasa el cuenco entre todos y cada participante echa un poco de lavanda al fuego. Si se hace esto sin una hoguera real, se puede espolvorear una pequeña cantidad de lavanda cuidadosamente alrededor de las velas en su cuenco, o colocar un plato debajo de las velas centrales y poner la lavanda en él. Una vez que todos hayan espolvoreado lavanda, el líder dice:

¡Ahora somos libres para recibir las bendiciones de energía, abundancia y alegría del solsticio! Coged una flor como símbolo de la abundante energía del solsticio de verano y sentid cómo vuestro espíritu se llena de potencial mientras dirijo una meditación guiada.

Entonces, tendrá que pasar la cesta de flores a lo largo del círculo, y cada participante cogerá una. Todos permanecen en silencio y se concentran en absorber energía mientras escuchan. El líder continúa con:

Cerrad los ojos si así lo deseáis, o concentraos en la flor que tenéis entre las manos. Los días de verano están llenos de luz y belleza, y podemos tomar esa luz, tomar esa belleza y hacerla parte de nosotros mismos. Sentid el calor del sol en el cielo. La energía del sol está en su apogeo, y hay más que suficiente para compartir con nosotros. Sentid la energía del sol entrando por la parte superior de vuestras cabezas y fluyendo hacia abajo a través de vosotros: por la cabeza, el cuello y los hombros. Sentidla fluir por los brazos como una caricia, por la espalda como un suave masaje. Sentid el poder y la energía del sol recargando vuestro propio centro de energía en vuestro núcleo, llenándolo de todo lo que necesitáis para vivir cada día del verano al máximo. Dejad que fluya por vuestras piernas, por los dedos de las manos y de los pies, haciéndolos hormiguear de calor, luz y poder. Imaginad vuestro cuerpo lleno de esa luz para que se derrame en el círculo que os rodea, y visualizad todo el círculo resplandeciente de luz y energía, moviéndose de persona en persona, recogiendo amor y alegría en su viaje y pasándolo de una persona a otra hasta que todo el mundo dentro de este espacio sagrado esté lleno a rebosar del poder, la energía y la gloria que es el sol del verano. Llevad vuestra flor al corazón y luego elevadla hacia el sol con un sincero «¡Gracias y hurra!».

Todos gritan: «¡Gracias y hurra!».

El líder levanta el plato con «pasteles» y dice:

*Damos gracias por estos pasteles, regalo de la tierra,
y los compartimos con los demás con el corazón abierto.*

Los pasteles se pasan alrededor del círculo. El líder levanta el cáliz o la copa y dice:

*Que nuestras vidas sean tan dulces
como el fruto de esta copa.*

La copa se pasa alrededor del círculo. A continuación, el líder da las gracias a los dioses, diciendo:

Agradezcamos al Dios y a la Diosa
por sus dones de curación y energía.

Todos gritan: «¡Gracias, Belinos! ¡Gracias, Brighid!». Esto puede repetirse varias veces, con todos los participantes siguiendo al líder. Cuando hayáis terminado, habrá que apagar las velas del Dios y de la Diosa.

A continuación, el líder despide a los cuartos. Esto se hace al revés de como se han invocado antes, empezando por el norte, y después girando en el sentido contrario a las agujas del reloj hacia el oeste, el sur y finalmente el este. El líder o los participantes dicen para cada cuarto:

Te doy las gracias
(insertar aquí el nombre del elemento
en el orden de tierra, agua, fuego, aire)
por custodiar nuestro círculo.
Quédate si quieres, márchate si debes,
en perfecto amor y perfecta confianza.
Que así sea.

Apagad las velas correspondientes después de dar las gracias a cada elemento.

Una vez despedidos los cuartos, abrid el círculo. El líder puede caminar en el sentido contrario a las agujas del reloj y atraer de nuevo la energía, o todos pueden unir sus manos y lanzarlas hacia el cielo, diciendo:

El círculo está abierto, pero nunca roto.
¡Feliz encuentro, feliz despedida y feliz reencuentro!

Un ritual en grupos pequeños para jugar con las hadas

Se trata de un ritual divertido y lúdico, perfecto para realizar con niños pequeños. También puede hacerlo una pareja, o cualquier grupo pequeño. Si lo haces con niños pequeños, mantén las cosas lo más sencillas posible y déjales participar en el ritual. ¡Siéntete libre de ser informal y tonto!

Las hadas siempre deben ser tratadas con respeto, pero también son conocidas por su naturaleza traviesa. Si haces bien este ritual, puede que vengan a jugar contigo. Aunque no percibas ninguna presencia mística, es agradable tomarse un tiempo para centrarse en los aspectos desenfadados del solsticio de verano. Si estás haciendo este ritual con niños, dependiendo de sus edades y nivel de experiencia con el trabajo mágico (algunas personas crían a sus hijos como paganos desde una edad muy temprana y otras no), puede que quieras saltarte el trazado formal del círculo. Si es así, sigue siendo importante que hagas algún trabajo de protección antes, solo para ir sobre seguro. Por ejemplo, podrías sahumar con incienso la zona en la que vais a trabajar y dibujar un círculo con sal o tiza. Este ritual está diseñado para que lo dirija una sola persona, pero las tareas pueden compartirse por dos o más si así lo deseas.

Entorno:

Este ritual debe realizarse al mediodía, al amanecer o al atardecer, ya que es más probable que las hadas salgan en uno de estos momentos «intermedios». Pero cualquier momento del solsticio de verano está bien, o incluso en la víspera de ese día. Debe hacerse al aire libre, en un espacio con vegetación y flores. Si no hay flores, puedes añadir las tuyas propias, pero es importante que este ritual se realice al aire libre. Aunque, si lo haces con niños, tienen una imaginación tan maravillosa que probablemente podréis crear un bosquecillo de hadas en el interior, si no queda otro remedio.

Suministros:

Necesitaréis velas para el Dios y la Diosa (dorada y plateada, amarilla y blanca o las dos blancas) en portavelas ignífugos. También necesitaréis cuatro velas para los cuartos (una de cada color: verde, amarillo, rojo y azul), una varilla de salvia (puedes sustituirla por una varilla de incienso si lo prefieres), botes de pompas de jabón, cerillas, comida y bebida (algunas galletas alegres y zumo de frutas para el *ale*, a menos que solo haya adultos, en cuyo caso el hidromiel es apropiado). Debes disponer de una mesa para utilizarla como altar, además de una pequeña mesa o un mantel para colocar en el centro del círculo y recibir los regalos para las hadas. También tiene que haber música para bailar. Si lo deseas, además, puedes añadir un apagavelas, una tela para cubrir el altar y cualquier otra decoración de temporada.

También necesitaréis regalos para las hadas, suficientes para que cada persona pueda dar uno. Pueden ser objetos naturales como piedrecitas bonitas, un pequeño cuenco de miel, pétalos de rosa en un cuenco o algunas flores como margaritas, caléndulas o claveles. Pero también puedes optar por organizar un proyecto de manualidades y hacer flores de papel divertidas o estrellas con purpurina. Se pueden hacer con antelación o durante el ritual (tienes las instrucciones más abajo) para los niños con mayor capacidad de atención. Si optas por hacer esto, necesitarás los siguientes suministros: papel de seda y/o papel de colores floreados brillantes, varios limpiapipas, tijeras, cinta adhesiva o hilo, cola blanca, un pincel pequeño, purpurina o pegamento con purpurina. Coloca todos los materiales sobre una tela o hazlo al aire libre, ya que va a haber un poco de caos (sobre todo por la purpurina). Si haces esta manualidad durante el ritual, prepara todos los suministros dentro del círculo con antelación.

Preparaciones previas al ritual:

Colocad las velas del Dios y la Diosa en la mesa del altar junto con cualquier otro adorno. Si hay espacio en la mesa, podéis colocar allí también el resto de suministros; si no, se pueden guardar algunos debajo, donde sea posible acceder a ellos fácilmente. Las velas de los cuartos pueden colocarse alrededor del círculo en sus lugares correspondientes (vela amarilla del aire al este, vela roja del fuego al sur, vela azul del agua al oeste y vela verde de la tierra al norte), a menos que te preocupe que los niños pequeños puedan alcanzarlas, en cuyo caso se pueden colocar en la mesa del altar o prescindir totalmente de su uso. Asegúrate de que cada participante tenga un bote de pompas de jabón. Si hay niños lo suficientemente pequeños como para querer llegar a la parte de las pompas antes de que sea el momento adecuado, puedes repartirlas cuando llegue el momento. La mesa o la tela para los regalos de las hadas deben estar lo más cerca posible del centro del círculo.

El ritual:

Empezad limpiando el espacio y a todos los participantes sahumándolos con la varilla de salvia (o incienso). Alguien debe caminar alrededor del círculo en el sentido de las agujas del reloj, moviendo el humo por el aire y visualizando el área ritual limpia de cualquier negatividad. A continuación, tendrá que pasar la salvia alrededor del círculo en el sentido de las agujas del reloj para que cada participante se impregne a sí mismo, empezando por la cabeza y bajando hasta los pies. O, si hay niños demasiado pequeños para manejar ellos mismos la salvia, una persona puede caminar alrededor del exterior del círculo y esparcir el humo sobre todos los que estén dentro.

No dudes en saltarte esta sección de trazado del círculo si hay niños pequeños o deseas hacer algo más informal. Para delimitar el círculo, coge una flor del altar y pásala de persona a persona, empezando por quien esté dirigiendo el ritual, diciendo:

Con esta flor, trazamos el círculo.

A continuación, invocad a los cuartos. Si es posible, haz que los niños ayuden a hacerlo. Si son muy pequeños, pueden decir simplemente: «Este, este, ¡ven aquí, por favor!». Girad en la dirección del cuarto que estáis invocando, empezando por el este, y recitad:

> *Invoco al guardián del este,*
> *el poder del aire,*
> *sobre el que vuelan las hadas.*

Enciende la vela amarilla. Luego, girad hacia el sur y recitad:

> *Invoco al guardián del sur,*
> *el poder del fuego,*
> *que ilumina el camino de las hadas.*

Enciende la vela roja. Dirigíos hacia el oeste y recitad:

> *Invoco al guardián del oeste,*
> *el poder del agua,*
> *como el rocío mágico del solsticio de verano*
> *donde a las hadas les gusta bañarse.*

Enciende la vela azul, y luego girad hacia el norte y recitad:

> *Invoco al guardián del norte,*
> *el poder de la tierra,*
> *donde a las hadas les encanta jugar.*

Encended la vela verde. A continuación, el líder debe invocar a los dioses utilizando las palabras que aparecen aquí o cualquiera de las alternativas del capítulo anterior, diciendo:

> *Encantadora Aine, diosa de las hadas,*
> *¡ven y únete hoy a nuestro círculo!*

Enciende la vela de la Diosa. Después, añade:

Hermoso Belinos, que haces crecer las flores,
¡ven y únete hoy a nuestro círculo!

Enciende la vela del Dios. Entonces, el líder dice:

Hoy es el solsticio de verano,
el día en que las hadas salen a jugar.
¿Les damos la bienvenida?
¡ADELANTE, HADAS, SED BIENVENIDAS!

Todos tendrán que repetirlo, en voz alta y con entusiasmo. Si habéis traído regalos al círculo, continuad con:

Os hemos traído regalos, oh, pueblo de las hadas,
con la esperanza de que nos sonriáis
y nos enviéis vuestras bendiciones.

Cada persona se acerca al altar, coge un «regalo» y lo coloca sobre la mesa o el mantel en el centro del círculo, diciendo:

¡Aquí tenéis un regalo para vosotras, hadas!

Si por el contrario optáis por incorporar una manualidad divertida al ritual, entonces podéis decir:

Os hacemos regalos, oh, pueblo de las hadas,
con la esperanza de que nos sonriáis
y nos enviéis vuestras bendiciones.

Dirígete a donde hayas guardado los materiales de las manualidades. Para crear unas flores bonitas para las hadas, podéis dar forma de flor al papel de seda cortándolo en trozos cuadrados y luego engarzando la parte inferior cerrada con una mano mientras extendéis los «pétalos» con la otra. Para hacer una flor más elegante, haz capas de un par de colores diferentes, o corta los bordes en formas de flores diferentes. A continuación, atad un poco de hilo alrededor del tercio inferior de la flor para mantener su forma. Utilizad un limpiapipas para el tallo, introduciéndolo por la parte inferior de la flor y fijándolo con pegamento o cinta adhesiva. Otra alternativa posible es recortar formas de flor en el papel de colores y pegar con cinta adhesiva o pegamento un tallo en la parte inferior. Utilizad el pincel para poner una ligera capa de pegamento alrededor de los bordes superiores o exteriores de la flor y espolvoreadla con purpurina. Si utilizas pegamento en barra con purpurina, aplícalo donde desees. Añade cualquier otro adorno que quieras utilizar. Una vez que el pegamento se haya secado, colocad las flores en el altar o fuera para las hadas.

Utilizando los mismos materiales, podéis hacer una manualidad diferente. Recortad estrellas de cartulina de colores vivos y decoradlas con purpurina, cascabeles, rotuladores, etc. A continuación, abrid un agujero en cada una y ensartadlas en hilo o cintas para hacer una guirnalda con la que adornar el altar de hadas y entregar como regalo al pueblo de las hadas. Colgad las guirnaldas terminadas donde el sol pueda reflejarse en la purpurina y hacerla brillar.

Ya sea con antelación o durante el propio ritual, cuando todos los regalos estén en el centro del círculo, el líder puede decir cosas como:

¡Oh, qué bonitos son esos regalos!
¡Seguro que al pueblo de las hadas le encantarán!

A continuación, repartid los botes de pompas de jabón si aún no lo habéis hecho. Cuando todos tengan su bote, el líder dice:

¡Nosotros también podemos hacer magia
con el agua, la luz y el aire!
¡ Venid con nosotros, hadas, y bailemos juntos!

Entonces, todos tendrán que soplar las pompas y ponerse a bailar por el círculo, con toda la alegría posible. Cuando hayáis terminado, todos dicen:

¡Gracias, hadas, por acompañarnos hoy!
¡Hurra por las hadas del solsticio de verano!

A continuación, repartid los pasteles y el *ale* si los tenéis, asegurándoos de reservar un poco para las hadas. Si lo desea, el líder puede decir:

Pueblo de las hadas,
uníos a nosotros para disfrutar de algunos manjares.
Gracias al señor y a la señora por su presencia hoy aquí.
Gracias al señor y a la señora por ayudarnos a jugar.

Apagad las velas del Dios y de la Diosa. A continuación, despedíos de los cuartos haciendo que todos digan:

¡Gracias, norte! ¡Gracias, oeste! ¡Gracias, sur! ¡Gracias, este!
¡Adiós! ¡Adiós!

Apagad las velas de los cuartos. Una vez que os hayáis despedido de los cuartos, abrid el círculo si habéis trazado uno, haciendo que el líder diga:

El círculo está abierto, pero nunca roto.
¡Feliz encuentro, feliz despedida y feliz reencuentro!

O, si hay niños muy pequeños, podéis limitaros a decir:

¡Hemos terminado! ¡Ha sido divertido!

CORRESPONDENCIAS PARA EL SOLSTICIO DE VERANO

w beginnings, birth, renewal, rejuvenation, balance, fertility, change
strength, vernal equinox, sun enters Aries, Libra in the Sout
Green Man, Amalthea, Aphrodite, Blodeuwedd, Eostre, Eos
a, Flora, Freya, Gaia, Guinevere, Persephone, Libera, Ma
enpet, Umaj, Vila, Aengus MacOg, Cernunnos, Herma, The
Rama, Mabon Osiris, Pan, Thor, abundance, growth, health, eat
al healing, patience understanding virtue, spring, honor, contentme
chic abilities, spiritual truth, intuition, receptivity, love, inner self
provement, spiritual awareness, purification, childhood, innocence,
lity, creativity, communication, concentration, divination, harmon
abilities, prosperity, attraction, blessings, happiness, luck, money,
ty, guidance, visions, insight, family, wishes, celebrating life cycl
iendship, courage, attracts love, honesty, good health, emotions,
, improvement, influence, motivation, peace, rebirth, self preservat
minine power, freedom, optimism, new beginnings, vernal equinox
creation, sun, apple blossom, columbine, crocus, daffodil, daisy,
isy, honeysuckle, jasmine, jonquil, lilac, narcissus, orange blossom,
mrose, rose, the fool, the magician, the priestess, justice, the star
ts, gathering, growth, abbundance, eggs, seeds, honey, dill, aspara

Concentración espiritual y palabras clave

Abundancia
Adivinación
Amor
Calor
Creatividad
Crecimiento
Curación
Energía del dios del sol
Éxito
Fertilidad
Fuego
Inspiración
Limpieza
Maternidad
Oportunidad
Poder

Concentración mágica

Abundancia
Amor
Aumento
Crecimiento

Empoderamiento
Energía
Fertilidad
Luz (el día más largo del año)
Maternidad
Salud

Acciones sugeridas

Bodas y uniones de manos
Celebrar el sol
Conectar con la tierra y/o las cosas que crecen
Cosechar hierbas (especialmente hierbas curativas)
Despedirse de la mitad creciente del año
Honrar a la Diosa embarazada y al Dios en su apogeo
Magia verde
Trabajar con las hadas

Momentos astrológicos y planetas asociados

El solsticio de verano es el día más largo del año, independientemente del hemisferio en el que uno se encuentre. Comienza cuando el sol entra en Cáncer (en el hemisferio norte) o Capricornio (en el hemisferio sur), normalmente hacia el 21 de junio en el norte (puede variar entre el 20 y el 22 de junio) o el 21 de diciembre en el sur (puede variar entre el 20 y el 23 de diciembre).

Arquetipos

FEMENINOS
Diosa de la fertilidad y diosas embarazadas
Diosas del amor
Diosas del sol
Diosa en forma de Madre
Madre Tierra
La Reina de las Hadas

MASCULINOS
Dioses del fuego
Dioses «de las plantas», como Jorge el Verde, Jack O' the Green, el Hombre Verde, el Rey del Acebo, el Rey del Roble o Pan
Dioses del sol
Dioses del trueno
El Rey de las Hadas
El Rey de los Siete Años (dioses celtas que gobernaban durante siete años y luego eran sacrificados por el bien del pueblo y de la tierra)

Deidades y héroes

DIOSAS
Aestas (romana)
Aine (celta)
Amaterasu (japonesa)
Amaunet (egipcia)
Anuket (egipcia)
Afrodita (griega)
Arani (hindú)
Artemisa (griega)
Astarté (cananea)
Atenea (griega)
Aurora (romana)
Bast (egipcia)
Bona Dea (romana)
Brighid/Brigit (celta)
Cerridwin (galesa)
Eos (griega)
Epona (celta)
Frigga (teutónica)
Gaia (griega)
Hathor (egipcia)

Hera (griega)
Hestia (griega)
Iarila (rusa)
Inanna (sumeria)
Ishtar (asiria)
Juno (romana)
Rhiannon (galesa)
Saule (báltica)
Sekhmet (egipcia)
Solntse (rusa)
Sul (celta)
Sunna (alemán)
Vesta (romano)
Yemaya (africano)

Dioses
Agni (hindú)
Amón-Ra (egipcio)
Apolo (griego/romano)
Baal (fenicio)
Balder/Baldur (escandinavo)
Belinos (celta)
Bochica (sudafricano)
Hadad (babilónico)
Helios (griega)
Hoder/Hodur (nórdico)
Hu (celta)
Huitzilopochtli (azteca)
Hiperión (griego)
Jano (romano)
Júpiter (romano)
Kupalo (eslavo/ruso)
Lleu Llaw Gyffes (galés)
Llew (galés)

Lugh (irlandés)
Marduk (asirio)
Maui (polinesio)
Mitra (persa)
Odín (nórdico)
Orunjan (yoruba)
Perun (hindú)
Prometeo (griego)
Ra (egipcio)
Shamash (asirio-babilonio)
Sol (romano)
Taranis (británico)
Thor (nórdico)
Thunar (anglosajón)
Vishnu (védico)
Woden (anglosajón)
Xiuhtecuti (azteca)
Zeus (griego)

Colores

Amarillo: Comunicación, creatividad, trabajo onírico, felicidad, inteligencia, aprendizaje, protección, capacidad psíquica, el sol, fuerza de voluntad.

Blanco: Limpieza, adivinación, curación, inocencia, paz, protección, purificación, verdad.

Dorado: Energía, poder, prosperidad, deidades solares, fuerza, éxito, el Dios, el sol, sabiduría.

Naranja: Adaptabilidad, comunicación, valor, creatividad, energía, optimismo, éxito.

Rojo: Ira, coraje, creatividad, deseo, energía, fuego, lujuria, pasión, amor sexual, fuerza, fuerza de voluntad.

Verde: Abundancia, calma, fertilidad, crecimiento, nuevos comienzos, prosperidad.

Hierbas:

Artemisa: Clarividencia, adivinación, sueños, capacidad psíquica.
Canela: Energía, amor, poder, prosperidad, capacidad psíquica.
Dedalera: Energía de las hadas, curación, protección.
Hierba de San Juan: Felicidad, curación, protección, fuerza.
Milenrama: Curación, amor, protección matrimonial, capacidad psíquica.
Muérdago: Fertilidad, curación, amor, protección, fuerza.
Romero: Amor, memoria, protección, purificación, sabiduría.
Verbena: Curación, magia, poder, protección, purificación.

Árboles

Avellano: Fertilidad, suerte, protección.
Roble: Vida, protección, fuerza.
Saúco: Bendiciones, hadas, curación.
Serbal: Clarividencia, adivinación, protección.

Flores

Brezo: Conciencia, generosidad, crecimiento, protección.
Caléndula: Curación, paz, protección.
Lavanda: Curación, amor, paz, purificación, sueño.
Manzanilla: Calmante, comunicación, determinación, armonía, intuición, prosperidad, purificación.
Margarita: Amor, suerte, presagios.
Reina de los prados: Armonía, amor, paz.
Rosa: Atracción, amor, paz, protección, sexo.

Cristales y piedras

Cornalina: Valor, curación, paz, protección, energía sexual.
Cuarzo citrino: Abundancia, equilibrio, protección, conciencia psíquica.
Diamante: Valor, curación, protección, espiritualidad, fuerza.

Esmeralda: Amor, memoria, protección, poderes psíquicos.

Jade: Curación, longevidad, amor, prosperidad, protección, sabiduría.

Ojo de tigre: Valor, energía, suerte, prosperidad.

Peridoto: Prosperidad, protección.

Metales

Cobre: Energía, amor, suerte, curación, prosperidad, protección.

Oro: Prosperidad, protección, éxito, sabiduría.

Animales, tótems y criaturas míticas

Abejas: Abundancia, mensajeras de los espíritus, nueva vida, dulzura (por la miel que fabrican).

Caballo: Poder, sexo, fuerza, rapidez.

Golondrinas, chochines y otros pájaros de verano: Renacimiento, renovación, calor.

Halcones y águilas: Vistos como aves solares porque se elevaban muy alto; también poder y fuerza.

Mariposas: Renacimiento (pasan de crisálida inerte a hermosa criatura voladora), el alma.

Toro: Fertilidad, poder, fuerza (asociado con el Dios y la realeza).

Vaca: Abundancia, diosas madres (por la leche que dan las vacas), riqueza.

Aromas para aceites, inciensos, mezclas de aromas o para hacer que floten en el aire

Canela
El aroma de las flores
Heliotropo
Hierba recién cortada
Hierbabuena
Lavanda

Limón
Menta
Naranja
Pino
Rosa
Sándalo

Claves del tarot

El Emperador
La Emperatriz
Fuerza
El Sol

Símbolos y herramientas:

Caldero: Abundancia, inspiración divina.
Cruz solar/Rueda solar: Símbolo del movimiento del sol señalado por los solsticios.
Espirales: Símbolo del recorrido del sol a lo largo del año.
Hadas (el mundo mágico): Creatividad, vida, transformación.
Hoguera o fuego necesario: Buena voluntad, purificación.
Pozos sagrados: La Diosa, el agua.
Rosetas y rosas: Fuego, diosas del sol.
Ruedas giratorias: A veces se piensa que la Diosa hizo girar el mundo y los rayos del sol en su rueca.
Varita: Poder, fuerza, voluntad.

Comidas

Bayas
Calabaza de verano
Espinacas
Queso
Limones

Melocotones
Miel
Naranjas
Pan de centeno
Peras
Piñones
Pipas de girasol
Tomates secados al sol
Tostadas de canela (o cualquier otro alimento hecho con canela)
Uvas

Bebidas

Ale (un tipo de cerveza)
Hidromiel
Leche (para las hadas)
Limonada
Té de menta
Té del sol
Vino

Actividades y tradiciones para practicar

Adivinación
Hogueras
Bailar en círculo
Banquete
Comunión con las hadas
Permanecer despierto durante toda la (corta) noche, desde el amanecer del solsticio de verano hasta el amanecer siguiente
Procesiones de antorchas
Recolectar hierbas
Ruedas rodantes (a las que se prende fuego)
Uniones de manos

Actos de servicio

Donar dinero o tiempo a un proyecto de energía solar
Hacer voluntariado en un comedor social (alimentar a los que necesitan ayuda)
Hacer voluntariado en un refugio de animales
Plantar árboles (especialmente los que te proporcionarán frutos o bayas para alimentar a los pájaros y a la fauna salvaje)

Nombres alternativos del solsticio de verano en otras tradiciones paganas

Alban Hefin (druidas modernos)
Bendición del Sol
Enyovden (Bulgaria)
Festival o fiesta de Baldur/Balder (nórdico)
Festival de Jāņi (Letonia)
Feill-Sheathain
Día de reunión
Día de Ivan Kupala (Rusia, Ucrania, Polonia)
Juhannas (Finlandia)
Litha
Meán Samhraidh (celta moderno, mitad del verano)
Víspera de San Juan (23 de junio)
Día de San Juan/Fiesta de San Juan/Johnmas (24 de junio, cristiana)
Marea de las Cosas
Sankthansaften (víspera de San Juan, Dinamarca, Noruega)
Sonnenwende (nórdico/alemán; «Vuelta del Sol»)

Festividades o tradiciones que ocurren durante
el solsticio de verano en el hemisferio norte:

RELIGIOSAS
Vestalia, la Fiesta de Vesta (Antigua Roma: 7-15 de junio)
Gwyl o Cerridwen (Fiesta de Cerridwen; Brujería galesa moderna,
13 de julio)
Día de San Albano (Inglaterra, Gales: 20 o 22 de junio)
Golowan (Cornualles: 20-29 de junio) con el Mazey Day en el
solsticio de verano

PROFANAS
Día de Canadá (1 de julio)
Día de la Independencia (EE. UU., 4 de julio)
Día de la Bastilla (Francia, 14 de julio)
Fête de la Musique (Día Mundial de la Música, 21 de junio)

Festividades o tradiciones que ocurren durante
el solsticio de verano en el hemisferio sur:

RELIGIOSAS
Adviento (cristiana; la fecha varía, pero comprende los cuatro
domingos anteriores a la Navidad)
Chalica (Primera semana de diciembre; Universalistas Unitarios)
Día de Santa Bárbara (4 de diciembre; cristiana)
Día de Sanghamittā (budista; primera luna llena de diciembre;
Sri Lanka)
Janucá/Hanukkah (fecha variable; judío)
Día de San Nicolás (6 de diciembre)
Día de Bodhi (8 de diciembre; iluminación de Buda)
Nuestra Señora de Guadalupe (12 de diciembre)
Día de Santa Lucía (13 de diciembre)
Saturnalia (17-23 de diciembre; romana)
Navidad; Doce días (Doce días de Navidad)

Duodécima Noche (5 de enero)
Epifanía (6 de enero)

PROFANAS
Krampusnacht (Europa alpina; 6 de diciembre)
Boxing Day (Reino Unido, Australia, Canadá y Nueva Zelanda; 26 de diciembre)
Nochevieja y Año Nuevo (31 de diciembre y 1 de enero)

MÁS LECTURAS

Libros

Ardinger, Barbara. *Pagan Every Day: Finding the Extraordinary in Our Ordinary Lives.* San Francisco, California: Weiser Books, 2006.

Blake, Deborah. Everyday Witch A to Z: *An Amusing, Inspiring & Informative Guide to the Wonderful World of Witchcraft.* Woodbury, Minnesota: Llewellyn, 2008.

Blake, Deborah. *The Witch's Broom: The Craft, Lore & Magick of Broomsticks.* Woodbury, Minnesota: Llewellyn, 2014.

Blake, Deborah. *The Goddess Is in the Details: Wisdom for the Everyday Witch.* Woodbury, Minnesota: Llewellyn, 2009.

Cunningham, Scott. *Magical Herbalism: The Secret Craft of the Wise.* Woodbury, Minnesota: Llewellyn, 2001.

Cunningham, Scott. Wicca: *A Guide for the Solitary Practitioner.* Woodbury, Minnesota: Llewellyn, 2002.

Cunningham, Scott, and Harrington, David. *The Magical Household: Spells & Rituals for the Home.* Woodbury, Minnesota: Llewellyn, 2002.

Digitalis, Raven. *Planetary Spells & Rituals: Practicing Dark & Light*

Magick Aligned with the Cosmic Bodies. Woodbury, Minnesota: Llewellyn, 2010.

Dugan, Ellen. *Cottage Witchery: Natural Magick for Hearth and Home*. Woodbury, Minnesota: Llewellyn, 2005.

Dugan, Ellen. *Garden Witchery: Magick from the Ground Up*. Woodbury, Minnesota: Llewellyn, 2003.

Dunwich, Gerina. *The Wicca Garden: A Modern Witch's Book of Magickal and Enchanted Herbs and Plants*. Nueva York: Citadel Press, 2001.

Holland, Eileen. *The Wicca Handbook*. Londres: Weiser Books, 2008.

Jordan, Michael. *Encyclopedia of Gods: Over 2,500 Deities of the World*. Nueva York: Facts on File Inc., 1993.

Kynes, Sandra. *A Year of Ritual: Sabbats & Esbats for Solitaries & Covens*. Woodbury, Minnesota: Llewellyn, 2004.

Loar, Julie. *Goddesses for Every Day: Exploring the Wisdom & Power of the Divine Feminine Around the World*. Novato, California: New World Library, 2008.

Monaghan, Patricia. *The Goddess Path: Myths, Invocations & Rituals*. Woodbury, Minnesota: Llewellyn, 1999.

O'Gaea, Ashleen. *Raising Witches: Teaching the Wiccan Faith to Children*. Pompton Plains, Nueva Jersey: New Page Books, 2002.

Skye, Michelle. *Goddess Alive! Inviting Celtic & Norse Goddesses into Your Life*. Woodbury, Minnesota: Llewellyn, 2007.

Starhawk, Baker, Diane, and Hill, Anne. *Circle Round: Raising Children in Goddess Traditions*. Nueva York: Bantam Books, 2000.

West, Kate. *The Real Witches' Year: Spells, Rituals, and Meditations for Every Day of the Year*. Woodbury, Minnesota: Llewellyn, 2008.

Internet

PaganSquare (de los editores de la revista *Witches & Pagans Magazine*): http://witchesandpagans.com/.

Paganism/Wicca, de Patti Wigington: http://paganwiccan.about.com/.

BIBLIOGRAFÍA

Libros

Auset, Priestess Brandi. *The Goddess Guide: Exploring the Attributes and Correspondences of the Divine Feminine*. Woodbury, Minnesota: Llewellyn, 2009.

Blake, Deborah. *Circle, Coven & Grove: A Year of Magickal Practice*. Woodbury, Minnesota: Llewellyn, 2007.

Campanelli, Pauline. *Wheel of the Year: Living the Magical Life*. Woodbury, Minnesota: Llewellyn, 1989.

Carr-Gomm, Philip. Sacred Places: *Sites of Spiritual Pilgrimages from Stonehenge to Santiago de Compostela*. Londres: Quercus, 2009.

Cole, Jennifer. *Ceremonies of the Seasons: Exploring and Celebrating Nature's Eternal Cycle*. Londres: Duncan Baird Publishers, 2006.

Cunningham, Scott. *Cunningham's Encyclopedia of Magical Herbs*. Woodbury, Minnesota: Llewellyn, 2000.

Franklin, Anna. Midsummer: *Magical Celebrations of the Summer Solstice.* Woodbury, Minnesota: Llewellyn, 2002.

Johnson, Cait. *Witch in the Kitchen: Magical Cooking for All Seasons.* Rochester, Vermont: Destiny Books, 2001.

Pritchard, Angela y Belsebuub. *The Path of the Spiritual Sun: Celebrating the Solstices & Equinoxes.* Autopublicación, 2013.

Starhawk. *The Spiral Dance: A Rebirth of the Ancient Religion of the Great Goddess.* 10th Anniversary Edition. Nueva York: HarperCollins Publishers, 2011.

Wood, Jamie, y Tara Seefeldt. *The Wicca Cookbook: Recipes, Ritual, and Lore.* Berkley, California: Celestial Arts, 2000.

Internet

«7 Strange silly summer traditions», *CNN.com*, accedido el 8 de febrero de 2014, http://www.cnn.com/2013/06/20/world/strange-silly-summer-traditions/.

«About *Fêta de la Musique*» accedido el 6 de abril de 2014, http://www.fetedelamusique.culture.fr/en/International/presentation/.

«Germany, Externsteine», *Sacred Destinations*, accedido el 8 de febrero de 2014, http://www.sacred-destinations.com/germany/externsteine.

«Golowan», accedido el 6 de abril de 2014, http://www.golowan.org/.

«History», Stonehenge.co.uk, accedido el 12 de agosto de 2014, http://www.stonehenge.co.uk/history.php.

«Solstice and Equinox Traditions», *Spiritual Humanism*, accedido el 2 de febrero de 2014, http://www.spiritualhumanism.org/solequin.php.

«Solstice in Times Square», *Times Square NY*, accedido el 8 de febrero de 2014, http://www.timessquarenyc.org/events/solstice-in-times-square/.

«Summer Solstice Traditions», *History Lists*, accedido el 1 de febrero de 2014, http://www.history.com/news/history-lists/summer-solstice-traditions.

«Sun gods and goddesses», *Ancient/classical History*, accedido el 5 de febrero de 2014, http://ancienthistory.about.com/od/sungodsgoddesses/a/070809sungods.htm.

«Wianki Krakow-Midsummer Night Celebration», Cracow Online, accedido el 6 de abril de 2014, http://www.cracowonline.com/1843-Wianki_Krakow_-_Midsummer_Night_Celebration.html.